Katja Storto

ALLES ist EINS

60 Kurzgeschichten

Impressum

Bibliografische Information der Deutschen Nationalbibliothek:
Die Deutsche Nationalbibliothek verzeichnet diese Publikation in der
Deutschen Nationalbibliografie; detaillierte bibliografische Daten sind im
Internet über http://dnb.dnb.de abrufbar.

Herstellung und Verlag: BoD – Books on Demand, Norderstedt

ISBN: 9783756229086

Für meine Mutter, die in mir weiterlebt. Für immer.

Inhaltsverzeichnis

Vorwort

2 Jahre ist es her. Da versteckte ich mich hinter einem Pseudonym, das mir eines Tages einfiel. Ich hatte den Mut gefasst, eine kleine Geschichte zu schreiben. Öffentlich. Ich, die in ihrer Kindheit Bücher mied, Schreiben ein Graus war, meine Mutter nicht verstand, warum sie ihr einziges Glück in Büchern fand.

Ich war eifersüchtig über ihre Liebe zum Lesen, statt diese Liebe und diese Zeit mir zu widmen. Sie versank in ihren Geschichten und verstand nicht, warum ich mit dieser Welt nicht in Berührung kommen wollte.

Ihr Tod war für mich ein tiefer Einschnitt in meinem Leben. Nicht nur, da sie nicht mehr greifbar war, sondern vielmehr weil ich dadurch eine tiefgreifende Erneuerung erfuhr. All meine Gedanken veränderten sich. Ich erkannte sie, ich erkannte mich, ich erkannte mich durch sie.

Ich begann meine ersten Gedanken zu Papier zu bringen und es folgten immer mehr. Ich war teils selbst überrascht, welche Worte plötzlich vor mir standen, fast unüberlegt. So als ob durch mich ein anderer Mensch schrieb. Das war nicht ich und doch war ich es. Ich kehrte von aussen nach innen. Ich entdeckte meine Welt, die bunter ist, als all die Welt, die um mich existierte.

Meine Geschichte und Gedanken wurden zu meiner großen Liebe, die ich nie mehr loslassen möchte. Dieses erste Buch bin ich. Ich widme es meiner Mutter, der ich es vorlesen werde. Ich widme es jenen Menschen, die die Welt hinter dem Vorhang spüren möchten. Ich widme es jenen Menschen, die mich inspirieren, lieben und in ihrem Herzen tragen. Ich bin dankbar für alles, was ich in meinem Leben erfahren durfte und noch erfahren werde und ich hoffe, dass eines Tages meine Gedanken weiterleben werden.

In diesem Sinne danke, dass du meine Zeilen liest und mir deine Zeit schenkst. Nichts ist wertvoller als das.

KATJA

Minimalismus

1. ICH BIN REICH

Ja, sehr reich sogar. Also nicht im klassischen Sinn - Rolex, Porsche, Villa, aber in meinem Sinn. Ich besitze ein paar funktionierende Gehirnzellen mit passenden Synapsen dazu. Ich besitze offenbar auch einen mickrigen grünen Daumen, denn meine Zuckererbsen, meine Süsskartoffeln, meine Gurken und Tomaten wachsen. Mein Basilikum hat auch schon den ersten Tag in meinem Zuhause überlebt und ich hoffe, dass unser Zusammenleben eine Woche dauert - das wäre Rekord.

Ich habe ein Zuhause, das ich sehr liebe, aber nicht daran hänge. Ich habe 2 Kinder, die mich fordern, aber nicht quälen. Ich darf auf ein paar Freunde verweisen, die mich aus jeder Lebenslage befreien. Ich habe Eltern gehabt, die mir die Freiheit gaben zu werden, wie ich bin und IN mir sind. Ich habe Männer kennengelernt und geliebt, die prägend, erfüllend und abstossend waren. Ich kenne Gurus, die mich antreiben und bremsen. Ich besitze Humor und ein Gewissen. Ich fühle mich gesund und munter. Ja, ich habe sogar Gefühle, die sich in allen Facetten zeigen.

Ich bin dankbar über den Kritiker in mir, der mich mahnt. Mein kleiner Zoo: 2 Katzen, ein Hund und ein paar Fliegen leben in Harmonie. Ich bin noch am Leben trotz Fahrradfahren gegen aggressive Autofahrer mit regelmäßigen Schimpftiraden von diesen. Am liebsten mag ich den Satz, wenn sie mich überholen: „Zu Fuß

wärest schneller." (stimmt, ich habe auch zwei Beine!) Ich antworte
dann immer, wenn ich sie bei der nächsten Ampel eingeholt habe, mit
einem freundlichen Nicken oder einem „Leck' mich", wobei ich auf
diese Antwort auch schon die Antwort: „Gerne", grinsend geerntet
habe. Also mit drei Worten: Ich habe Kontakt!

Ab und zu besitze ich Zeit für Hobbys, die mir Spass machen und
manchmal auch nicht. Hier habe ich die Freiheit zu entscheiden, ob
ja oder nein. Ich besitze einen sehr coolen Schweinehund, der sich
auch in meinen kleinen Zoo wunderbar einfügt. Ich habe sogar Zeit
für neue Interessen und Freundschaften mit inspirierenden
Menschen. Ich habe sogar Träume, die ich verwirklichen möchte. Und
vorallem ich träume noch immer in der gleichen Intensität wie früher.
Ich habe Wünsche und Erfahrungen, die mir noch bevorstehen,
nebst vielen, die ich bereits machen durfte. Ich habe sogar ein paar
Ängste. Sie zu verlieren, werde ich verschmerzen. Ich werde mich
noch ein paar mal verlieben und trennen oder die Liebe meines
Lebens finden.

Und mit diesem Besitz, sitze ich irgendwann auf meiner kleinen Alm
mit 3 Schafen - der Mindestanzahl einer Herde sozusagen. Mein
Hund darf sie hüten und ich darf sie scheren, meine Freundin wird
den Gemüsegarten betreuen, meine Freunde werden mich besuchen,
wir werden essen und trinken und sie müssen mich ertragen. Ich
werde ein Baumhaus bauen und eine Feuerstelle für meine Rituale
gestalten. Ich schreibe weiter an meinem Buch über Adam und ... -
der andren Bibel, die von wahrem Reichtum erzählt.

Ja, ich besitze ein GANZES Leben und Gin und Tonic habe ich auch.

2. GHOSTKEEPER

Bereit? Endlich bereit loszulassen. Diese überflüssige Überdosis in unserem Leben. Angefangen mit den staubigen Gegenständen, die in jeder Ecke und jedem Winkel unserer Häuser leben bis hin zu den schwierigeren Dingen, die unserem Leben keinen Wert geben: sentimentale Gegenstände, unnötig große Häuser, den Traum vom Erfolg, zusätzliche Autos, Geister und vorallem schlechte Beziehungen.

Wir schleppen Dinge mit uns herum, wie der Panzerknacker die Kugel am Bein. Jeder Schritt eine Qual. Sobald diese Öde am Besitz einsetzt, lassen wir unser Zeug in Kisten, in unseren Kellern, Schränken und Müllschubladen verstauben oder verrotten. Aus dem Auge, aus dem Sinn. Ein bisschen Sentimentalität drauflegen und schon hat es seine Berechtigung zum Fortbestand. Einwenig Sentimentalität kann ja nicht schaden, aber in der Zwischenzeit verbinden wir schon jedes Wattestäbchen mit einem Augenblick der besonderen Tiefe.

Einmal verpackt in einer Ecke, ist der einzige Weg, den fehlenden Wert zurückzugewinnen, ein anderes Ding zu finden, das noch glänzender und aufregender und vorallem neu ist. Eine schöne Spirale, ein Wirbel, in dem wir ständig nach der nächsten Aufregung suchen, nach dem nächsten Ausbruch von Euphorie, dem Kokainhoch, das nur bis wenige Meter hinter der Kassa anhält. Kick! Und noch einer. Wir sind Junkies: höher, weiter, schneller, besser, länger!

GO!

So sehr wir möchten, werden wir niemals in der Lage sein, einen Sonnenuntergang festzuhalten. Ebenso können wir nicht alles behalten und trotzdem ein sinnvolles Leben führen. Das Leben erfüllt sich nur, wenn wir uns erlauben, loszulassen, wenn wir uns erlauben, im Moment zu sein, wenn wir uns erlauben, den Moment zu fühlen. Immerhin ist dieser Moment die einzig wahre Realität des Lebens.

Momente, wenn wir das Meer sehen, wenn wir die Brise spüren. Wenn wir Sehnsucht, Liebe, Wärme fühlen. Lachen, Weinen, Blicke,.. Wenn wir Emotionen auslösen bei uns, bei unserem Gegenüber. Musik hören und ihr verfallen. Musik kann alles! Sie ist Seelennahrung und wird als das verkannt. Als bloßer Luxus in einer Welt voll Luxus. Musik ist pure Essenz!

Wenn wir Geschichten erzählen, sie lesen. Die Worte in uns wirken lassen. Wenn wir das, was wir hören, lesen und schreiben auf uns wirkt. Wir die Augen schließen und all diese Momente nachschwingen lassen und sie sich unvergesslich in unsere Seele brennen. Wenn wir noch Platz haben zum träumen, unser Kopf frei wird, für unser eigenes Kino, für die Frage: „Wie hätte ICH es denn gerne?" Dann ist es genau das:
DAS Leben.

An dem und nur an dem hänge ich in tiefster Sentimentalität. Ich möchte am Ende an einer Überdosis Leben sterben. Denn dann bleiben uns - wenn überhaupt - diese Momente und den anderen ihre und unsere verstaubten Kisten und gefüllten Keller.

Mein Keller ist in der Zwischenzeit leer!

3. HÖR' AUF

Loslassen ist keine Reise ins Nichts oder das Mieten Einers Lagerraums. Loslassen ist nichts, was du tust. Es ist etwas, mit dem du aufhörst.

Du hörst auf, so zu tun, als wäre alles in deinem Leben unendlich kostbar. Du hörst auf, an toxischen Beziehungen festzuhalten. Du hörst auf, dich so zu benehmen, als wäre alles eine gute und edle Sache. Du hörst auf, dass Meinungen anderer Menschen dich formen. Du hörst auf, dich zu schämen und dich zu verstecken. Du hörst auf, dich an deinen alten Mustern festzuhalten. Du hörst auf, so zu tun, als ob Erfolg und dein Beruf dich zu dir machen. Du hörst auf, zu denken, dass neue Gewohnheiten ein Problem lösen. Du hörst auf, zu versuchen, alles zu „reparieren", um jede Veränderung zu vermeiden.

Du hörst auf, Nachrichten zu konsumieren, weil sie ohnedies nichts mit Verständnis zu tun haben. Du hörst auf, in der Vergangenheit zu hängen, die Zukunft zu fürchten und die Gegenwart zu versäumen. Du hörst auf, Zeit zu verschwenden. Du hörst auf mediales Fastfood zu konsumieren, anstelle deine Gefühle zu schützen. Du hörst auf, die Fassade des Erfolgs zu polieren. Du hörst auf, die Marionette anderer Menschen zu sein. Du hörst auf, dich für ein Nein zu rechtfertigen. Du hörst auf, dein Bauchgefühl zu ignorieren.

Du hörst auf, die Wahrheit zu übersehen. Du hörst auf, dich selbst zu belügen und dir weh zu tun. Du hörst auf, dass der Neid der anderen, dich zu einem besseren Menschen macht. Du hörst auf, die äussere Welt als Übeltäter zu sehen, anstelle deine innere Welt zu betrachten. Du hörst auf, Schuldige zu suchen. Du hörst auf, dich zu vergleichen und zu bewerten. Du hörst auf, das Denken für andere Menschen zu übernehmen. Du hörst auf, Sklave deiner eigenen Gedanken, deines Körpers und deines Intellekts zu sein. Du hörst auf, dich ausnutzen und belügen zu lassen. Du hörst auf, dem Glück nachzujagen. Du hörst auf, deinen Körper als dich zu sehen und verzweifelt an dieser Fassade zu basteln. Du hörst auf, deine Ängste zu füttern und deine Träume zu begraben. Du hörst auf, zu verachten und beginnst zu lieben.

Unabhängig woran du dich hängst oder wovon du dich ziehen lässt.

HÖR' EINFACH AUF DAMIT!

Seien es Besitz, Ansehen, Menschen oder Geld – am Ende sind es Abhängigkeiten und diese bedeuten immer Stress. Stets. Sie nehmen dir Freiheit, Frieden und Wohlwollen. Beziehungen münden in Abhängigkeit und Beziehungen ZIEHEN.

Wohin auch immer und womit wir auch immer in Beziehung stehen. Einige Beziehungen sind besonders schädlich. Wir bauen Beziehungen oft aus Bequemlichkeit auf, ohne die Eigenschaften zu berücksichtigen, die notwendig sind, um eine erfolgreiche Verbindung herzustellen – und zwar wichtige Eigenschaften wie Balance. Wir behalten alles routinemäßig bei uns, nur weil es bereits da ist, auch wenn es keinerlei Mehrwert gibt.

Am liebsten Beziehungen mit Menschen. Wir alle haben schon an jemandem festgehalten, der es nicht verdient hat und der uns ständig auslaugt: Jemanden. Jemand, der nicht unterstützt. Jemand, der nimmt und nimmt und nimmt, ohne etwas zurückzugeben.

Jemand, der sehr wenig beiträgt und uns daran hindert, zu wachsen. Es ist sogar noch einfacher, in diesen Beziehungen zu bleiben: Alte Beziehungen sind bequem und neue Beziehungen zu beginnen, ist schwierig. Neue Beziehungen erfordern nämlich, sich selbst weiterzuentwickeln und zu verändern.

So manche Beziehungen - welcher Art auch immer - hindern uns daran, uns erfüllt zu fühlen. Sie halten uns davon ab, ein zielgerichtetes Leben zu führen. Mit der Zeit werden diese negativen Beziehungen sogar Teil unserer Identität – sie definieren uns, sie werden zu dem, was wir sind. Vermutlich ist schon das Wort Beziehung einer der Gründe. Denn jede Form von Beziehung hat stets Bedingungen. Im Leben geht es aber um Verbindung.

Verbindung zu sich selber und Verbindung zu Aussen. Verbindung ist kein Strick an dem gezogen wird oder gar eine Verstrickung. Für eine gesunde Verbindung braucht es all das nicht. Es reichen dünne zarte Fäden, denn an ihnen wird nicht gezogen. Sie sind bloß Wegweiser. Sie zeigen dir im Leben, wohin du gehen kannst, um wieder zurückzufinden. Gleich einem feinen Faden durch das Labyrinth. Sie ziehen dich nicht, sie belasten dich nicht, sie üben keinen Druck aus und verstricken dich nicht. Sie lassen dir Bewegungsfreiheit in alle Richtungen und engen dich nicht ein.
Der Faden ist unendlich lang und fein.

Ich sehe ein Gefäß vor mir, das leer ist. Platz hat, wieder gefüllt zu werden. Mit jenen Werten, die mir den Weg weisen. Mit jenen Menschen, die mir helfen und mich wachsen lassen. Mit jenen Gegenständen, die mir Freiheit ermöglichen. Ich höre auf, mich festzuhalten, bin bereit zu fallen, zu verlieren und zu erkennen. Mit leeren Händen und vollem Herzen kann ich anfangen, Freude zu haben, glücklich zu sein und über mich hinaus zu wachsen.

Und bei genauem Blick sehe ich, dass wir alle doch SO VIEL zu tun haben. Das Schöne am Loslassen ist, dass wir endlich mal nichts dafür tun müssen, sondern bloss damit

AUFZUHÖREN.

Ursache und Wirkung

4. SHALOM

Friede? Was ist das überhaupt? Bedeutet Friede die Abwesenheit von Krieg? Reicht das wirklich, um diesem ewigen Teufelskreis der Menschheit zu entkommen? Reicht es zum Frieden, die Täter also solche zu deklarieren und den Opfern, Bilder zu geben? Reicht es, die Schuldigen zu verurteilen und sind immer die anderen die Schurken? Ist das Verurteilen und Anklagen, das blinde Mitschreien wirklich die allumfassende Weisheit für Frieden?

SHALOM heisst Vollkommenheit, also mehr als Friede. Vollkommenheit in uns? Der Zustand IN uns ist von Shalom weit entfernt. Die Reaktion auf eine Ursache ist ebenso kriegerisch wie die Ursache selber. Man ist geneigt dazu, diese galant zu übersehen, denn sie liegt viel tiefer als augenscheinlich wahrnehmbar. Sie liegt so tief IN uns.

Wir sind Krieg.

Ob mit dem Nachbarn, mit dem Kollegen, mit UNS. Ja, in uns ist Krieg. Die Welt ist nur der Spiegel - der sichtbare. Wir führen endlose Kriege jeden Tag. Als Ursache oder als Reaktion. Jede Reaktion erscheint als Gegenangriff, ob in Wort, Tat oder bloss als stiller Gedanke in uns. Aggression wird mit Aggression beantwortet. Krieg sind nicht die Anderen.

Ist meine Schablone des Friedens für jeden passend? Sichtweisen, Kulturen, tiefe Ahnenbürden sind nur ein kleiner Ausschnitt dessen, wo meine nicht mehr passt. Vor Kälte schützen wir uns mit Wärme, voll grellem Licht mit einem Vorhang. Ein Mann verbindet sich mit einer Frau. Wir treffen uns in der Mitte - nicht nur körperlich. Zustand jetzt: Wir antworten auf Krieg mit Krieg. Schuldige suchen, Zusammenhänge und Ursachen ausser Acht lassen. Wir sehen und verstehen, was wir verstehen WOLLEN. Es macht es so einfach, anzuklagen. Ein vollkommen sinnloser Weg ins NICHTS.

Die allumfassende Schablone des Friedens ist die Verbindung der Gegensätze - der Ausgleich. Endlich zu verstehen, dass diese Mitte zu finden, die Aufgabe von uns Menschen ist. Wer von sich behauptet, er hätte seine gefunden, gratuliere ich von Herzen, denn die Polarisierung in welche Richtung auch immer ist die Ursache aller Kriege, der Kampf für oder gegen was auch immer - meistens gegen uns selber. Unabhängig auf welcher Seite man steht. Wir zeigen unseren Kindern jedoch, dass wir Feuer mit Feuer löschen und nicht mit Wasser. Es wird ihre Erde sein, die verbrannt ist - von allen. Jedem einzelnen.

Die Menschheit ist ein Körper, bestehend aus Organen, Zellen und einem großen Herz. Wir sind gesund, wenn wir uns als solchen wahrnehmen und verbunden sind. Friede beginnt in UNS. Die sichtbare Welt ist das Bild, das wir auf diese leere Leinwand projizieren. Bei genauem Blick darauf sieht man, dass wir gerade ohne Ende kein gutes Bild abgeben.

Ich schaue in die Sonne. SHALOM an alle!

5. KARMA

G ut! Mir ist schon vollkommen klar, dass mein Karma nicht dem eines Engels gleicht. Ich habe genug erlebt, getan, meinen Körper nicht immer vorbildlich behandelt, meine Mitmenschen nicht immer mit Samthandschuhen berührt, gelegentlich fluche ich auch laut. Das, was mich daran wirklich beruhigt, ich befinde mich in guter Gesellschaft - nämlich mit dem Rest der Welt. Obwohl nein, es gibt noch Steigerungen von mir.

Ich sehe mich ja als mein eigener Schöpfer, habe meinen eigenen Willen, meine eigene Freiheit. Ja, auch diese erzeugt nun mein Karma. Mag sein, dass ich auch Schöpfer meiner Kinder bin, die ich aber gerne in ihre Freiheit entlasse und nicht wie eine Allmächtige über ihr Handeln entscheide.

Nun spüre ich immer stärker die selbsternannten Götter. Die, die über mich entscheiden wollen. Ich frage mich bloß, wofür halten sie sich? Ich beschäftige mich überaus gerne mit Mystik. Darin kam allerdings keiner der jetzigen Götter vor. Nicht mal in einer der Prophezeiungen. Ich las wirklich intensiv nach. Da stand NICHTS.

Was jedoch schon stand und ich auch so spüre, ist das Schicksal, das jeder von uns in sich trägt. Dieses allseits belächelte Karma? Nicht zu verwechseln mit Irrglauben, Rache oder vorgetäuschter Illusion. Die Illusion über sich selber oder sich gar ÜBER den anderen zu stellen? Die Klassifizierung der Menschen vorzunehmen? Mir graust zutiefst. Den freien Willen und die Freiheit, ja die Zukunft zu entscheiden? Nicht etwa die eigene, sondern die des Anderen.

Ich sag mal galant und höflich: Nein! Nicht erwünscht. Nicht gewollt. Wahnsinnig lieb, aber ich achte auf mein Karma und an all die göttlichen Illusionisten: „Schaut auf eures! Wird Zeit! Das schleppt sich nämlich durch das Leben und darüber hinaus. Ich hätte gerne meines von außen unbeschmutzt. Und sorry: Karma f**ks!"

Und zwar richtig. Weiß ich aus eigener Erfahrung. Das drückt kein Auge zu und übersieht etwas. Es wartet bloß auf den richtigen Zeitpunkt, dann wenn du dich genüsslich zurücklehnst und dir denkst: „Ha, gut gemacht und keiner hat's gesehen!" Genau dann erwischt es dich. Denn es beobachtet dich, studiert dich und hat unendlich Geduld. Im Gegensatz zu mir.

Ich kann ja mit meinem Schicksal verschieden umgeben: es HINnehmen ODER es ANnehmen. Anders gesagt: Leiden, Schuld zuweisen oder eigenverantwortlich handeln. Freie Wahl. Freier Wille. Konsequenzen tragen in all ihrer Härte und Schönheit. Das lehre ich auch meinen Kindern. "Ertrage die Konsequenzen! Über sie entscheidest du nämlich ganz allein. Bist du nicht fähig, sie zu tragen, dann lass' mich entscheiden."
Nun. Sie sind Kinder. Sie haben gelegentlich noch Welpenschutz. Den erhalten aber nicht all die Wesen dieser Welt und den Göttern sei gesagt:
"Am Ende bevor wir alle dem letzten Licht zusteuern. Sich die Tore öffnen in die Unendlichkeit, sind wir alle nackt, gleich und mittellos. Das Karma geht über - auf wen auch immer."

Bei manchen denke ich mir: „Die armen Seelen! Wissen sie überhaupt noch, wohin?"

6. SINNE

Ich sehe. Ich rieche. Ich schmecke. Ich höre. Ich taste. Naja. Unsere 5 Sinne eben. Wir haben sie alle und keiner davon ist richtig herausragend. So durchschnittlich gut und ich verlasse mich bloss darauf, sie zu besitzen. 5 Sinne, an die ich mein ganzes Leben hafte und durch die ich meine Welt forme. Jetzt könnte man sich ja fragen, warum die Evolution mich mit relativ wenig Talent bei wenigstens einem dieser Sinne ausgestattet hat. Ich sehe nicht wie eine Katze, rieche nicht, wie es Hunde können, höre nicht, wie eine Fledermaus, schmecke nicht, wie es der Wels beherrscht, ich taste mich nicht durch das Leben, wie ein Maulwurf.

All diese Tiere haben eines gemeinsam. Ihr besonderer Sinn sichert ihr Überleben. Und ich? Gleichmäßig schlecht und gut bei allem. 5 Sinne und nicht mal einer mehr als Tiere.

Das gibt mir aber schon zu denken.

Und doch gibt es immer wieder dieses wunderbare Aha-Erlebnis, bei dem ich leise vom 6. Sinn spreche. Leise wohlgemerkt. Diese Vorahnung, dieses Gefühl, die Vision, dieser plötzliche Gedanke. Die INTUITION. Nein, besser ignorieren und lieber doch vertrauen auf: Ich höre, sehe, rieche, schmecke und taste. Das ist ja die Realität. Keinem zufälligen Impuls oder einer unerklärlichen Vision Aufmerksamkeit schenken. Die Intuition, der man ja vor langer Zeit, mehr Beachtung schenkte als jetzt?

Wie war das noch mit dem: „Da stimmt etwas nicht oder das fühlt sich richtig an?" Kenne ich dieses unerklärliche Gefühl noch?

Vertraue ich diesem, wie meinen übrigen? Oder verstecke ich es wieder in eine meiner Schubladen: „Ich belüge mich lieber selber!" Und glaube doch lieber an das, was meine 5 Sinne mir zeigen. Die Evolution scheint sich bei uns demnach nicht wirklich etwas gedacht zu haben. Ich spinne mal weiter, denn ich glaube, alles geht seinen Weg, alles lehrt uns, uns zu entdecken, alles hat seinen Sinn - auch die mittelmäßigen 5 oder der seltsame 6.

Wir erleben gerade eine Zeit, in der es uns an die Sinne geht. Und zwar heftig. Distanz hindert uns am Spüren, so mancher verliert seinen Geruchs- und Geschmackssinn. Das Sehen ist komplett verblendet. Der Lärm und das Chaos macht es fast unmöglich, noch richtig zuzuhören. All unsere Sinne spielen verrückt. Hat uns die Evolution nicht vielleicht doch mit diesem einen weiteren Sinn ausgestattet, der wohldosiert im Verborgenen liegt? Und ist es vielleicht nicht gerade jetzt die Zeit nach diesem zu suchen und ihn weiterzuentwickeln?

Evolution ist ja Entwicklung. Verborgenes abzudecken und erlebbar zu machen. Wenn einer oder mehrere Sinne versagen, sich auf jene zu besinnen, die ich habe? Was für eine Chance für uns, nicht nur den 5 Sinnen zu vertrauen, die uns gerade abhanden kommen oder uns täuschen, sondern unsere Welt in einer neuen Dimension zu erleben. Der 6. Sinn hat Sinn. Wir entwickeln uns eben weiter. Sinnvoll.

Ich höre, ich schmecke, ich rieche, ich taste, ich sehe und ich erkenne. Die Welt ist so viel mehr.

7. UNGENÜGEND

SETZEN! Okay. In der Schule haben wir das schon gehört. Im Leben unhörbar ebenso. Das Ungenügend sitzt also und bleibt. Wer auch immer dies gesagt, behauptet und uns vermittelt hat. Wir sind ungenügend oder gelegentlich knapp genügend. Doch was macht uns denn befriedigend, gut oder gar sehr gut? Was gibt uns das Gefühl kein Mangelexemplar zu sein? Verwechseln wir vielleicht:

„GENUG ZU SEIN" mit „GENUG ZU HABEN"?

Reicht die erste Million am Konto? Die wunderbarste Weltreise? Die schönste Wohnung? Der beste Job? Die tollste Frau oder der tollste Mann? Der größte Erfolg? Die perfekte Familie? Die großartigsten Freunde oder etwa der aufregendste Sex? Gibt es diesen wahrhaftigen Augenblick, in dem man aus vollem Herzen sagen kann: „Es reicht! Ich habe genug und dadurch bin ich nicht nur genug, sondern sogar sehr gut? Ich habe alles erledigt, getan, erlebt und fühle mein Leben vollendet?" Ich erinnere mich gut, als ich viele Jahre von anderer Seite gehört habe: „Wenn ich das schaffe, dann ist es genug. Dann beende ich all mein Tun und geniesse das Leben! Dann, ja dann ist mein Leben perfekt."

Feststellung heute nach vielen Jahren und auch hinter mir gelassen: Der Punkt kam nie, es kam immer etwas dazwischen und unter uns: der Punkt wird nie kommen. Erst dann, wenn das irdische Leben seinem Ende zusteuert.

Dann entscheidet nämlich etwas anderes und schließt das Leben mit:

„Nun, mein Lieber, ist es wirklich genug!"

Es ist das ewige Gefühl des Mangels, das gespürt wird und das Drama dabei ist, dass wir anderen dafür die Schuld geben. Nun Schuld nenne ich es nicht. Vielmehr wird diesem Mangelgefühl Nachdruck verliehen und zwar richtig. Vater und Mutter, Freunde, Lehrer, die erstmals das Wort ungenügend aussprechen, Arbeitgeber, soziale Medien und viele Zauberer um uns. Alle diese Richter spiegeln wunderbar ihren eigenen Mangel in uns. Sie sind es, die uns ständig darauf aufmerksam machen, wie ungenügend oder genügend wir uns fühlen dürfen.

Nur PSST:

Keiner von ihnen erfüllt den Status: mangellos, vollendet und allwissend. Sie haben weder die Göttlichkeit erfahren, noch wurde ihnen die Vollendung verliehen. Sie alle sind ebensolche Mangelexmplare wie wir. Bloss verstecken sie es besser oder ihre Mängel sind bloss andere. Mangellos sind sie keinesfalls. Im Gegenteil. Je mangelhafter ein Mensch ist, umso größer ist sein Verlangen dieses zu stillen. Im schlimmsten Fall durch: „Ich gebe DIR das Gefühl noch mangelhafter zu sein als ich." Hilft nur leider keinem der Beteiligten. Ein Mensch, der sich seiner Mängel bewusst ist, konzentriert sich auf die eigenen und nicht auf die der anderen. Damit haben wir ohnedies unser Leben lang zu tun.

Das Geheimnis hinter diesem ewigen Mangelgefühl ist nicht die Welt um uns, geschweige andere Mangelexemplare. Es ist die Welt in uns. Der Mensch funktioniert nun mal in seinem ewigen Streben nach mehr und das sichert uns das Überleben wohlgemerkt.

Dieses Gefühl ist unser Motor. Wenn jene Leere nicht wäre, würden wir uns keinen Millimeter bewegen, keine Evolution fände statt, keinerlei Entwicklung, Erfindung, Kunst und lebendiges Leben. Wir würden uns nicht mal aufraffen, zu essen und zu trinken.

Vielleicht ist es dazu notwendig kurz in die Kabbalah einzutauchen, um zu erklären, warum wir dieses Gefühl immer und zu jeder Zeit spüren werden. Das Urgefäss der Seele - die EINE Urseele zerbrach in Scherben. Sie war es, die gefüllt war mit all dem Licht! Sie zerriss in Scherben und verteilte sich. Sie, die universale Welt, die jede Vollendung und Erfüllung in sich trug, zersprang. Die moderne Wissenschaft sprach vom Urknall. Die Kabbalah ebenso, allerdings hunderte Jahre zuvor. Es sind die verlorenen Seelenteile, die ihre Verbindung suchen - dazu braucht es einen Antrieb:

DEN WUNSCH.

Es ist das Große: „Mir fehlt etwas." Doch wir erliegen dem Trugschluss, dass die Sehnsucht nach dieser Erfüllung im Außen - in dieser materiellen Welt liegt und durch diese auch gestillt werden kann. Die Ursache liegt in uns - unauslöschlich. Der Wunsch ist die Ursache, das Mangelgefühl das Symptom und zugleich der Antrieb sich weiterzubewegen. Es ist ein Gefäss, das ständig gefüllt wird, damit wir uns bewegen. Gleich einer nie versiegenden Quelle. Sie treibt uns an zu suchen und zu finden.

Das Mysterium liegt darin, aus

„Ich HABE genug" ein „Ich BIN genug", zu machen.

Je weiter wir uns voneinander entfernen, umso größer wird diese Leere. Eine Leere, die wir in dieser Zeit stärker spüren, denn je. Die „Welt" weiß um dieses Mangelgefühl und erkennt auch die Notwendigkeit der Verbindung, Vernetzung. Sie wehrt sich dennoch mit allen nur erdenklichen Mitteln. Mangel treibt voran und stärkt das Ego. Die Lösung, um aus uns Mangelexemplaren wunschlose Wesen zu machen, liegt in der Verbindung und in der Lösung vom eigenen Ego. Ego isoliert. Es mag noch so schön auf dieser Insel sein, dennoch der Mangel bleibt.

Doch erinnere ich mich immer wieder gerne daran, jemanden zu treffen und Verbindung zu spüren, die weit über Erklärliches und Offensichtliches hinaus geht. Es sind jene Menschen, die Seelenanteile in sich tragen, nach denen ich suche, die ich brauche und mir genau jenen Augenblick schenken, in dem ich mich erfüllt fühle. Die Seelenverwandten sind verteilt über die ganze Welt und ich habe das Glück, einige von ihnen zu kennen und gefunden zu haben. Suchen wir einfach weiter.

Denn wenn wir alle anderen Menschen in uns einschließen, erkennen wir alles als ein Ganzes und sind mehr als GENUG.

8. WIR

Juhu, die Kurve der Ansteckung ist abgeflacht! Sie ist abgeflacht, weil WIR mitmachen und WIR zuhause bleiben. Die Wälder sind auch zerstört, weil WIR mitmachen. Sie sind nicht gestorben, weil sie grad schlecht aufgelegt waren. Die Jugendlichen sind auch aus unserem Strassenbild verschwunden, weil WIR mitmachen. Sie werden ja mit Arbeitsaufträgen „beschäftigt".

Die Greissler, Nahversorger, Handwerker gibt es auch nicht mehr, weil WIR mitmachen. Wir kaufen ja nun bei den Großen. Die Reichen sind reich geworden, weil WIR mitmachen. Die Welt wird bunter mit unsren Geschichten, weil WIR mitmachen. Ich könnte ewig so aufzählen, wie toll WIR mitmachen! Das WIR ist stark.

Jede Menge WhatsApp-Gruppen durchziehen den Äther. Es wird geflucht, kollektiv geärgert, gemeinsam Verschwörungstheorien beschrieben. Es dreht sich alles im Kreis. Die Ärgernisse bleiben in der Runde und alles läuft so wie bisher. Die Verschlüsselung macht es uns möglich, diese Informationen wunderbar für uns zu behalten. Ich bin kein großer Liebhaber davon, sondern stelle gerne Fragen: „Wenn es dich so stört, wieso machst du mit?"

Aus Geschwätz muss halt Tun werden. An den richtigen Empfänger, wenn möglich, sonst bleibt es Geplapper.

Vor dieser Zeit, erzählte man uns, dass die Wirtschaft wachsen muss und WIR haben es geglaubt. Reich sind aber nur die anderen geworden. WIR sind krank geworden. Was WIR für Normalität gehalten haben, war nicht normal, sondern wahnsinnig.

Mich hat diese gewohnte Normalität krank gemacht und traurig. Ich habe mich wie ein Mensch von einem andren Stern gefühlt. Ja, seit langem habe ich wieder Angst. Ich habe Angst, dass WIR in diese wahnsinnige Normalität zurückkehren und seit langem spüre ich wieder den Säbelzahntiger lauern. Ich möchte dort nicht hin und ich wehre mich mit all meiner Kraft dagegen. Wenn uns diese Normalität glücklich gemacht hätte, dann wäre ja die Zerstörung der Welt „in Ordnung" gewesen. Waren WIR aber nicht. Wir haben bloß etwas zum naschen bekommen, damit es uns gut geht.

Eigenverantwortung ist nicht gratis. Eigeninitiative kostet die eigene Energie. Mut ist ansteckend, so wie die Angst und ein Virus. WIR wissen wie sich Freiheit anfühlen muss, WIR wissen, wie sich Liebe anfühlen muss, WIR wissen, wenn WIR lügen. Ein Lügner weiß, dass er lügt. WIR müssen nicht lernen, wie Gerechtigkeit sich anfühlt, WIR wissen es. WIR spüren, wenn WIR beschummelt werden. WIR fühlen was richtig und falsch ist. WIR haben alle Bilder und Geschichten im Kopf.

Ich nehme jetzt meine Angst an die Hand und mache ihr klar, dass sie nicht mein Freund ist. Ich mache ihr klar, dass sie mir aus dem Weg gehen soll. Ich werde mich wehren gegen die Normalität, auch wenn es viel Kraft kostet. Ohne UNS hätten sie es nicht geschafft, die Kurve zu senken. Erinnern wir sie an das WIR. WIR sind liebende Menschen mit Verstand. WIR wissen was gut für uns ist. WIR entschlüsseln gerade unser Rätsel vom Leben. WIR können selber denken und fühlen.

WIR sind.

9. ZEIT

Die Zeit, die ist ein sonderbares Ding. Wenn man so hinlebt, ist sie rein gar nichts. Aber dann auf einmal, da spürt man nichts als sie: sie ist um uns herum, sie ist auch in uns drinnen. In den Gesichtern rieselt sie, im Spiegel da rieselt sie, in meinen Schläfen fließt sie. Und zwischen mir und dir da fließt sie wieder. Lautlos, wie eine Sanduhr - Hugo von Hoffmansthal.

Ich habe viele, sehr viele Jahre hingelebt. Meine Versuche zu verstehen, wo diese Jahre verschwunden sind, ich kann es mir nicht erklären. Plötzlich waren sie vorbei. Unzählige Jahre davon. So als ob ich sie ewig auffüllen könnte. Wehmut erfüllt mich manchmal. Ich spürte sie nicht. Ich spürte mich nicht. Meine Zeit in vielen Momenten einfach verloren. Eine Zeit, die für mich wie die Nulllinie eines Herzschlages wirkt. Ich spürte mein Herz nicht mehr.

Ich erkannte, die Zeit ist vorallem mit ihrer Vergänglichkeit verbunden. Einst fühlte ich mich unsterblich bis ich bemerkte, dass auch mein Ende kommen wird. Von jung bin ich weiter entfernt als mir manchmal lieb ist. Von „Du hast es in deinem Leben zu etwas gebracht" ebenso. Und doch.

Ich spürte das Schlagen plötzlich wie aus dem nichts. Unregelmäßig. Angsteinflössend. Ich spürte mein Herz endlich. Dieses Rieseln hörte sich zeitweise immer lauter an. Es gibt Tage, da schmerzt es richtig.

Was will ich noch erleben? Was wünsche ich mir? Wohin geht meine Reise? Was ist noch zu tun oder was lasse ich sein? Vorsätze fürs neue Jahr etwa? Nichts davon beendet diese - meine Vergänglichkeit. Das ist der Teil meines Vertrages mit dem Leben.

Dieses ewige Rieseln der Zeit. Jede Minute, jede Sekunde. Jetzt, wo ich das schreibe, ist jedes Wort schon Vergangenheit und jedes Wort, an das ich denke Zukunft. Bloß eine Vermutung. Vergebene Chancen von gestern, Visionen für Morgen. Ich weiß nichts! Die einzige Gewissheit meiner Zukunft ist die Ungewissheit für den Zeitpunkt meines Endes und doch scheinbar gehe ich mit dieser Schwäche weder erfolgreich noch sonderlich achtsam um. Meine Erinnerungen sind bloß Geschichten. Meine Gefühle dazu der Beweis, dass ich lebe. Meine Gefühle jetzt in diesem Augenblick - das einzige, was zählt. Ich bin 51 Jahre alt und kenne mich noch immer nicht ganz.

Meine Beziehung zu mir, zu meiner Familie, zu all den Menschen, die für mich Bedeutung haben, bleibt niemals so wie sie gestern war. Und so sehr ich es mir wünsche, auch das unterliegt dieser unaufhaltsamen Vergänglichkeit. Ich denke zurück und weiß genau, es war und es kommt nicht zurück. Es gibt nur das JETZT. So rieselt die Zeit in mir, in dir. In uns Allen. Mein Wunsch ist, dass dieses Rieseln so lange, so intensiv, so glücklich anhält. Ich darf niemals den Glauben daran verliere, dass die Zeit bloß an mir vorbeiging. NIE wieder nur zusehen. Ich möchte mitten drin sitzen in diesem Sand der Zeit. Spielen, solange ich kann. Ihn spüren, wie ein kleines Kind.

Alles ist möglich, bis sich das letzte Sandkorn seinen Weg nach unten bahnt.

10. DIE REISE IN DIE ZEIT

Mein Sohn wünschte sich eine Zeitmaschine zu Weihnachten. Ich habe sie ihm gebaut. Er fand es „dumm". Ich fand es sinnlich und beruhigend. So fantasierte ich herum. Wo will ich genau mal sein? Beschluss: Es wird eine Reise zurück, wo alles begann oder auch enden wird.

Da stand ich nun im Paradies. Adam war noch alleine und erfreute sich am Nichts. Er rannte umher und er erkannte mich NICHT.

Es war die Zeit vor dem Apfel und dem wunderschönsten aller Bäume. So standen wir bloß im Schatten der Macht, als Abbild der reinen Form der Selbstliebe. Die Schlange. Auch sie war da. Sie schlängelte erhaben hinab mit DER Frucht. Ich blickte sie an, sie mich. Adam allerdings war mit seinen Gedanken ganz woanders. Irgendwie verloren?

Nun, ich wusste ja, wenn ich diesen Apfel kostete, dann wird folgendes passieren: Ich erkenne ihn und er erkennt mich. Unser freier Wille entsteht und wir unterscheiden zwischen Gut und Böse. Die Triebe gleichen nicht mehr jenen von Tieren, sondern wir erkennen, dass neues Leben entsteht und dass ich diesem Lebewesen nicht nur das Leben, sondern auch den Tod schenke. So wie die Schlange beides kann.

Mit dem Biss in die Frucht kam die Angst vor dem Tod. Ja, es war Gottes Gebot, ihn nicht zu kosten. Es war sein Wort, das es zu ignorieren galt. Wir stehen dort als seine Abbilder bis zu jenem Punkt, als wir durch die Triebe fielen.

Wir manifestierten uns zu sterblichen Geschöpfen. DAS war die Entscheidung aller Entscheidungen: Bleibe ich ewig am Ort der reinen Selbstliebe und des Geistes oder lasse ich mich fallen? Jetzt, wo ich weiß oder zu glauben weiß, dass wir vergessen haben, dass dieser Körper bloß ein Werkzeug, ein Teil von uns selbst ist, fällt mir diese Entscheidung verdammt schwer. Im Grunde war dieser Fall gedacht, um wieder aufzustehen, mich und mein Gegenüber zu erkennen. Kenne ich mich, obwohl mir damals die Möglichkeit gegeben wurde? Das war ja der Sinn der Sache. Was nehme ich denn nun wahr und was nicht und beschäftige ich mich mit meiner Ganzheit oder bloß mit dieser körperlichen Hülle?

Vielleicht entschied SIE sich damals bloß für den einfacheren Weg. Neinsagen fällt uns ja bekanntlich bis heute schwer, denn die Versuchung lauerte eben auf dem Baum. Nun lauert sie ja überall. Vielleicht hilft es, wenn die Ersten der Versuchung widerstehen, wenn wir gar nicht erst auf die Erde fallen, wenn wir im Geben statt im Nehmen bleiben und zufrieden sind, dass wir alles haben, was wir für die Ewigkeit brauchen. Wenn das WIR größer als das ICH ist, die Welt nicht unterworfen wird und im Gleichklang bleibt. Vielleicht haben wir unsere Evolution einfach nicht verstanden. Die Ursache war zu groß und die Wirkung unerträglich für uns. Ich habe viel Schmerz erlitten, als ich mich erkannte. Ob es das wert war?

Ein Baum spendet Schatten. Ein Baum schenkte mir das Leben und den Tod. Ich blicke hinauf in die Krone. Ich blicke auf die Erde. Ich blicke die Schlange an. Sie blickt mich an.

Ich nehme den Apfel und lasse ihn fallen.

11.(R)EVOLUTION

Unsre Klassenbeste N schritt zur Tafel. Referat war angesagt. Sie hob ihren Zettel und sprach: „Der Mensch stammt vom Affen ab!" Ein kurzer Blick des Professors und die trockenen Worte: „Danke N - du kannst dich setzen - nicht genügend." Ich erwachte kurz aus meiner schulischen Dauertiefschlafphase. Aber nur kurz. Das Rätsel des sehr präzisen Referats wurde auch nicht unmittelbar gelöst. Der Professor fuhr einfach mit seinem Unterricht fort.

Heute allerdings interessiert es mich dann doch einwenig mehr, wie denn das nun genau war, angesichts seltsamer Verhaltensweisen überall. Immerhin sehen wir uns ja als Krone der Schöpfung oder am Endpunkt der Evolution oder etwa nicht? Das „Problem" dabei und das schreibe ich hier ganz leise: Die Evolution kennt keine Selbstwahrnehmung und sie kennt vor allem kein Ende oder Ziel! Da ist ein gewisser Herr Darwin, der uns eins lehrte:

„Alles, was gegen die Natur ist, hat auf Dauer keinen Bestand."

Ich frage mich ja auch, was sich die Evolution dabei gedacht hat, uns mit einem derart großen Gehirn auszustatten. Je unfähiger wir körperlich wurden, umso größer wurde es oder auch umgekehrt. So ein kleiner nackter Mensch im Wald mit riesigem Gehirn sieht einfach nur nackig aus und hat eigentlich nur kurz Zeit sich anzupassen oder „auszurollen". Also ganz verstehe ich das nicht, wie wir uns verhalten.

Die Evolution hat sich nämlich etwas dabei gedacht, als sie das Gehirn wachsen ließ. Ich meine, wir sind uns unsrer Existenz durchaus bewusst - das nenne ich mal einen Vorsprung. Wir stehen auch nicht wie Bäume verwurzelt im Wald. Wobei ich hier zu bedenken gebe, dass diese mehrere hundert Jahre alt werden, also so dumm sind die auch wieder nicht und das ganz ohne moderne Medizin. Dass Hunde 30% weniger Gehirnmasse haben, seit sie mit uns leben, wirkt fast wie eine Prophezeiung.

Wenn man bedenkt, dass wir alle eine gemeinsame Abstammung haben und denselben Ursprung erschreckt es mich, dass ausgerechnet wir aus diesem kleinen Bakterium so einen grossen Müllberg erzeugt haben. Selbst das Darmbakterium reagiert auf Reize und wenn wir dann noch Nervenzellen haben, können wir uns sogar fortbewegen. Schwämme haben das nicht, ist ja auch nicht notwendig. Sind ja bloß Schwämme.

Gut, jetzt bin ich noch weit weg vom Menschen, aber vor 7 Millionen Jahren haben sich unsre Wege vom Schimpansen getrennt. Das Gehirn ist da auch echt gewachsen. Die Evolution probierte bei uns größere Gehirne aus. ABER: Unser Gehirn wurde seit der Steinzeit wieder kleiner. Verblüffend! Das heisst wohl: die Evolution fand dies nicht so eine gute Idee.

Ich las dann noch Erschreckendes: Der Bandwurm - ein Nachfahre des ersten Plattwurms mit EINEM Nervenknoten im Kopf - lebt im menschlichen Darm mit einem gemütlichen und sicheren Ökosystem ganz OHNE Gehirn. Für so einen Parasiten ist ein Gehirn ein sinnloser Luxus. Das gibt mir echt zu denken.

Und das tue ich solange ich noch ein Gehirn habe.

12. DIE ZEIT GIBT DIE BILDER

Wenn Eltern genau das gelingt, was man sich selbst als Mutter wünscht, dann ist das eines der größten Geschenke. Nämlich seine Kinder so zu prägen, dass aus ihnen Menschen werden, die ihren Weg gehen können, Werte in sich tragen, die das Leben in einer Gesellschaft möglich machen und IN ihnen Gedanken zu erzeugen, die voller Liebe, Respekt und auch Dankbarkeit für die eigenen Eltern sind.

Ich wünsche mir, dass meine Kinder eines Tages, ebenso von mir erzählen, auch wenn ich ein komplett anderes Leben führe. Ich möchte die Bausteine für ein wertvolles Leben hinterlassen. Ja, wie mein kleines Feuer im Herz, das sie ebenso weitergeben mit einem Funken von mir.

Es steckt viel Sentimentalität in Worten und Sentimentalität ist ansteckend. Ich sehe von unterschiedlichen Seiten auf 50 Jahre Leben. Ein Bilderbuch an Erinnerungen, die in der Vergangenheit liegen und ich diese nur durch mein Gefühl, das ich damals hatte, zum Leben erwecken kann. Ich verbinde mit Sentimentalität meine Vergänglichkeit und diese viel zu kurze Zeit, die ich hier erleben darf. Alle Erlebnisse liegen zurück, können nicht wiederholt werden, sind in sich geschlossen. Schwer ist es oft, weil es vorbei ist. Ich erinnere mich an Gefühle von damals. Ich kann darüber lachen, weinen, fluchen und sie verdammen, aber alles bleibt dort, wo es ist.

Wo ist meine Schulzeit mit meinen Freunden, der erste Kuss, die erste Wohnung, die erste Liebe, die Geburt der Kinder, die Feste, die Reisen und die kleinen Freuden?

All das verbinde ich mit ganz intensiven Gefühlen. Erinnerungen, die aufflackern mit Musik, Gesprächen, Filmen, Gerüchen und Geschichten. Und dennoch sie sind vorbei und das erzeugt in mir große Wehmut und das Gefühl an meine Endlichkeit.

Meine Vergangenheit ist wie eine Zugreise durchs Leben. Ich sehe die Bilder, wie eine Landschaft an mir vorbeiziehen und bin ich mal vorbei, so sind sie vorbei. Bunte Bilder für ein Lächeln, finstere für ein paar Tränen. Ja, manchmal kommen die ganz großen Gefühle hoch und auch wenn sie als unzeitgemäß gelten, ich suhle mich darin! Lachen oder weinen? Hauptsache - sich spüren!

Ich warte nicht, dass diese Erinnerungen von selber kommen, ich erschaffe sie mir und manchmal hilft das Schicksal einwenig nach. Wenn mein Bauch sagt: „Setz' jetzt genau diesen Punkt an diese Stelle", dann ist das weniger ein Abwägen der Vor- und Nachteile, sondern eher ein: „Ist das ein Ereignis, an das ich mich gerne zurückerinnern werde, voller Gefühle? Ist es etwas, dass ich noch in diesem EINEN Leben, das ich führe, gemacht haben möchte?"

Jedes Jahr kommen mehr dazu, mehr an verpassten Momenten und an erfüllten Augenblicken. Ja, Sentimentalität ist ein wunderbares Geschenk voller Gefühle. Gefühle sind menschlich, Gefühle sind wertvoll, Gefühle sind kitschig.

Mir würde ein Leben ohne Gefühle Angst machen.

13. TIKTAK

Dann - werd' ich an der Liebe sterben. Und keiner hat's gesehen..." Monate ist es her, dass ich dieses Ende einer Geschichte las. Eine Geschichte über Zeit. Der Blick auf das eigene Leben, auf die eigene Zeit und vielleicht die bittere Erkenntnis, dieses wertvolle Gut nicht im eigenen Sinn genutzt zu haben. Zahlreiche Momente.

Diese Geschichte traf mich mitten in mein Herz. Dort blieb sie. Machte mir meine Vergänglichkeit noch stärker bewusst. Noch viel mehr aber die Sehnsucht des Erzählers. Aus seiner Zeit wurde unsere Zeit. Wertvolle. Kostbare. Sie vergeht unaufhaltsam. Jede Minute zählt.

Wie oft habe ich mich gefragt: „War das alles? Soll es das gewesen sein?" Nein. Die Zeit machte unmögliches möglich. Zu jedem Augenblick, den ich zur Verfügung habe. Geschichten und Lebensjahre später stelle ich für mich fest, wie wertvoll sie ist. Durch nichts ersetzt werden kann. Mein größtes Geschenk an andere Menschen nun meine Zeit ist.

Zeit ist Feind und Freund, leer und voll, schnell und langsam, seltsam und wundersam, mystisch und klar. Zeit ist ALLES, was uns umgibt und unaufhaltsam in seiner Bewegung.
„Ich habe meine Zeit verschwendet, verschenkt, vergeudet, verstreichen lassen. Ich habe Zeit bewusst erlebt, geliebt, gefunden und genutzt."

„Vielleicht gibt es schönere Zeiten. Doch diese ist die unsrige", zitierte schon Sartre. Philosophen interpretierten Zeit in all den schönsten Varianten von Heraklits' Panta Rhei bis Newton, der meinte, Zeit und Raum sind wie "Behälter" für Ereignisse.

Doch.

An der Zeit scheitern vermutlich nur wir Menschen.

Und.

An der Zeit erfreuen wir uns umso mehr. Gerade jetzt ist sie uns bewusster denn je und zugleich schmerzvoller und wertvoller. Wir alle sind Zeitzeugen. Was auch immer ich mit meiner Zeit gemacht habe, war richtig für mich. Ich denke viel nach über meine Zeitlosigkeit, meinen Zeitmangel, mein Zeitgefühl, meinen Zeitvertreib oder schlicht meine BESTE Zeit. Wer waren und sind meine Zeitdiebe? Was bedeutet auch Zeit für mich. Ich freue mich, wenn mir jemand Zeit schenkt und sie mit mir teilt.

„Also los, schreiben wir Geschichten, die wir später gern erzählen. Denn eines Tages werden wir alt sein und an all die Geschichten denken, die für immer unsere sind." - Julia Engelmann

Beziehungen

14. WIE GEHT FRAUSEIN

Wenn ich das wüsste! Ich habe oft sinniert über: ein Mann zu sein. Ernsthaft und über einen längeren Zeitraum und bin dann zum Ergebnis gekommen: Ich liebe es, eine Frau zu sein! Vielleicht weil ich es nicht bis zum letzten ausreizen konnte - meine Versuche.

Ich wurde nicht sonderlich mädchenhaft erzogen, will sagen, meine Mutter hat sich nie zu dem Satz hinreissen lassen: „Das tun Mädchen nicht oder eben doch!" Das hat mich vermutlich am allermeisten geprägt. Frau zu sein, war eigentlich nie eine Überlegung, sondern eine gegebene Tatsache. Auch nach ersten Beziehungen, Kinderkriegen, ersten Jobs. Aber erst in späteren Jahren kamen mir immer öfter die Gedanken, was es bedeutet eine Frau zu sein. Vielmehr als wir in einer vermeintlich gleichberechtigten Welt leben.

Immer öfter stieß ich auf: „Das machen Frauen nicht - das machen Frauen schon!" Ich sah immer mehr Frauen in meinem Umfeld, die alles in einer Person waren: Vater, Mutter, Tochter, Sohn, Chef, Chefin. Sie sollten auf der einen Seite, die tolle Frau sein, auf der anderen Seite, die raffinierte Strategin für die Hürden des Lebens.

Plötzlich mussten wir alles sein.

Ich lernte Männer kennen, die Sätze wie: „Frauen können besser kochen." losließen und ich dachte mir, werden wir gerade zurückgeschleudert in eine andre Dimension?

Ich halte es für unfassbar schwierig, sich sein Frausein zu behalten und die Gratwanderung zwischen Klischee und Extrem zu meistern. Ich mag weder Hardcore-Emanze noch Weibchen sein. Ich will irgendwie beides sein, ohne dass man es bemerkt. Ich will all das tun, was Männer tun, aber mit weiblichen Touch und doch mit der Direktheit eines Mannes. Ich mag provozieren ohne Klischees zu bedienen. Ich mag aber auch hofiert werden wie eine Prinzessin. Ich finde auch gelegentlich die klassische Männer - Frauen Verteilung total genial. Es ist ein ständiges Hin-und Hergerissensein. Manchmal hupfe ich kreischend wie ein Rumpelstilzchen durch die Gegend und schreie wie unfair und wie gemein Männer sind und stelle beim letzten Sprung fest, dass ich es genauso und nicht anders möchte. Frau zu sein in dieser Zeit ist wirklich eine Herausforderung. Zu begreifen, dass Weiblichkeit nichts mit Schwäche und Ohnmacht, Aufopfern und Leiden zu tun hat.

Noch viel mehr als Frausein heute bedeutet, viel länger und viel intensiver Weiblichkeit zu leben. Sie endet nicht wie bei der Generation meiner Mutter mit 50. Nein, Frauen mit 50 plus sind heute in allen Bereichen so lebendig und stark, dass es mich unfassbar stolz macht, eine von ihnen zu sein. Wir haben noch viel vor uns und kosten das Leben intensiver denn je.

Vielleicht nachdem ich den Druck von meinen Schultern genommen habe, alles sein zu müssen, habe ich verstanden, was es bedeutet ANDERS als ein Mann zu sein.

15. ERSTER EINDRUCK

Man sagt:
15 Sekunden entscheiden, ob man jemanden mag und interessant findet oder ablehnt. Wir Menschen eben.

Die erste Frau, die ich kennengelernt habe, war meine Mutter. Sie war es, die das erste Bild Frau in mich einprägte und ungeprüft übernommen wurde. All ihre Schwächen und Stärken, ihr Aussehen, ihr Geruch, ihre Worte, ihre Gefühle, ihre Art, das Leben zu durchschreiten, waren DER Inbegriff von Frau. Mit ihr verglich ich mich, ohne es bewusst zu tun. Nahm Wesenszüge an, vorallem jene, die ich für normal empfand, obgleich sie es vielleicht nicht einmal waren. Ich fühlte sie nicht als klassisches Vorbild, dennoch war sie es.

SIE!

Wie gesagt: der erste Eindruck zählt und jener war länger als 15 Sekunden.
Der erste Mann in meinem Leben war mein Vater. Wie meine Mutter mit all seinen Eigenheiten. Ihn verglich ich unweigerlich und absolut ungewollt mit all jenen Männern, die mein Leben begleiteten. Von Vorurteilen bis Erwartungen. Alles war im Paket "erster Mann" inkludiert.

ER!

Bei beiden auch noch zusätzlich: Vater und Mutter. Der wohl ambivalentesten Rolle, die man im Leben einnimmt. Fehler werden wiederholt, Fehler werden gemacht.

Muttersein lernte ich von „Mutter - erlebt" haben. Erwartungen an den Vater, wie ich den Vater selbst erlebt habe und all die ungewollten Mankos obendrauf. Der Vergleich hinkte pausenlos, denn eines war mir vollkommen bewusst, weder meine Mutter als Mutter und Frau oder mein Vater als Mann und Vater waren perfekt. Sie waren über weite Strecken richtig schwach.

Dennoch. Erster Eindruck.

Die erste Beziehung, die ich erleben durfte, war jene meiner Eltern. Sie beobachtete ich mit Argusaugen. Jeden Halbsatz, jede Frequenz, jeden Streit, jede liebevolle Geste nahm ich wahr. Diese Beziehung war das Maß aller Dinge. Was nehme ich, was will ich nicht, was ist normal, was empfinde ich als furchtbar? So manches Mal stellte ich unweigerlich fest: DAS will ich nicht. Opfer, Täter, Manipulation. Probieren wird man es ja noch dürfen. Diese Beziehung zerbrach nach vielen Jahren. Auch das prägte sich ein, denn kaum jemand sah das gesamte Potpourri ihrer Beziehung so nah wie ich. Keine andere Beziehung erlebte ich je wieder so unmittelbar wie diese, selbst meine eigene nicht wie jene meiner Eltern.

Meine erste Rolle in dieser Welt war Tochter. Was das betraf, hatte ich keinerlei Vorbilder, außer es einfach zu sein. Wenn ich mir heute meine Kinder ansehe, dann gestehe ich ihnen genau das zu. DIESE Rolle, die sie sich selbst basteln mussten. Für sie war ich die erste Frau, ihre Mutter, die erste Beziehung und ob ich es möchte oder nicht: ich habe unfassbar viel eingeprägt. Viel zu spät das Bewusstsein dafür erreicht, was sie alles beobachtet und gelernt haben, umso bewusster jetzt.

Mein Anteil an ihren Fehlern ist enorm, an ihren Werten ebenso. Ohne Worte. Ohne Taten. Offenheit und Respekt für ihre Rolle. Sie sind auch Mann und Frau. Doch vorallem Tochter und Sohn und das unterscheidet sie vom Rest der Welt für mich.

16. MANN UND FRAU

Gut, darüber ist vermutlich schon millionenfach geschrieben worden und es wird bestimmt noch ebenso oft geschrieben werden. Vermutlich hat jeder seine Annäherung zu diesem Thema. Annäherung ist eigentlich das Grundprinzip des Verständnisses von Mann und Frau. Ich jedenfalls versuche es. Scheitere ich dabei? Auch gut. Jede Annäherung erzeugt ein Stück Erkenntnis und trägt zum Verständnis bei.

Mann und Frau sind IN erster Linie und AUF der ersten Linie Menschen. Um sich als das zu erkennen und auch zu unterscheiden vom Tier, brauchte es ERKENNTNIS. Wir haben sie erlangt, wie auch immer und wodurch auch immer. Das würde nun echt weit in die Vergangenheit führen. Dennoch. Ob Baum, Apfel, Feige, Schlange, Sünde, Fall oder Zufall (wobei es den ja bekanntlicherweise nicht gibt), wir haben erkannt:

Mann und Frau. Beide Menschen. Beide vollkommen unterschiedlich. Vollkommen. Gegenteile (oder eigentlich Teile eines Ganzen). Ein Mann erkennt sich als Mann, weil es Frauen gibt. Eine Frau erkennt sich als Frau, weil es Männer gibt. So wie man Licht nur durch Dunkelheit erkennt. Jeder Versuch dies auf die körperlichen Unterschiede zu reduzieren, wird kläglich scheitern. Mann und Frau sind die Extreme der Menschen. Wie kalt und warm, plus und minus und vieles mehr. Wenn ich diese Sichtweise nicht respektiere und akzeptiere, entsteht schon der Punkt, an dem das ganze Missverständnis beginnt. Der "Sinn" dessen war nicht geschaffen worden, damit wir einander nicht verstehen, sondern damit wir uns SELBER verstehen lernen.

Der Unterschied ist ein wahres Geschenk.

Von Körper bis Geist. Von Trieb bis Sprache. Von Gefühl bis Seele. Ich erkenne mich als Frau und er erkennt sich als Mann. Jeder einzelne Teil, der mich unterscheidet, lässt mich wachsen. Jede Annäherung vergrößert die Spannung und die Anziehung. Ob sprachlich, körperlich, fühlend oder intellektuell. Manchmal ist nur ein Teil davon möglich, manchmal alles. Das Missverständnis bleibt bestehen, wenn nicht alle Teile harmonisch verbunden sind.

Verbindung entsteht jedoch nicht dadurch, dass der Mann fraulicher und die Frau männlicher wird, sondern dass ein Mann sich seiner Männlichkeit bewusst ist, damit ich mir meiner Weiblichkeit bewusst werden kann. Einfach gesagt:

Je mehr Mann mir gegenüber umso mehr Frau darf ich bei mir entdecken.

Männlichkeit und Weiblichkeit sind auch unendlich umfassend. Ein Teil entwickelt sich, ein Teil nicht. Ein Teil nimmt jene Richtung, ein anderer bleibt stehen. Wir übersehen auch die Tatsache, dass der Mensch ein evolutionäres Wesen ist. Was heute noch gleich, kann morgen schon ungleich sein. Wo einer auf dieser Linie stehen bleibt, kann der andere die Richtung geändert haben und zwar nicht in die Annäherung sondern in den Abstand. Was sich jedoch nie ändern wird, ist der Pfad auf dem sie sich bewegen. Es ist EINER. Ein Pfad, eine Linie, bloß die Position von Mann und Frau darauf verändert sich. Wenn sich dennoch beide treffen - dort auf dieser Linie - dann erzeugt es einen Funkenschlag. Das grelle Licht blitzt auf und wird dann zur Dunkelheit. Es KANN sich entzünden als wärmendes Licht, wenn der Ausgleich zum Vorschein kommt und die Verbindung der Gegensätze entsteht. Funken sprühen wieder, wenn ein weiterer Teil des Ganzen aufeinander trifft. Sei es körperlich, sprachlich, fühlend oder intellektuell.

Aber wie kann es zur BLEIBENDEN Verbindung werden? Bestimmt nicht durch Veränderung, sondern durch Liebe. Denn nur durch sie, darf jeder bleiben, was er ist.

Die Liebe steht in der Mitte der Linie. Sie ist das PLUSZEICHEN oder KREUZ am Weg, am Schnittpunkt, im Zentrum, im Sonnengeflecht. Dort heraus entspringt sie wie eine Quelle des „Ich bedinge nichts und lasse los! Du bist der, der du bist, damit ich der sein kann, der ich bin." Jede andere Form der Verbindung beinhaltet: "Ich bedinge und hafte an."

Ohne Liebe bleiben die Sprachen fremd. Ohne Liebe bleiben die Körper animalisch. Ohne Liebe gleicht der Verstand einem Rechner. Ohne Liebe gleicht das Gefühl jenes des Mangels. Ohne Liebe reist die Seele alleine.
Allerdings:
Wenn wir die Sprache in Liebe benutzen. Wenn wir die Körper in Liebe vereinen. Wenn wir den Geist in Liebe verbinden. Wenn wir

das Gefühl mit Liebe füllen. Wenn wir den Verstand in Liebe erkennen. Wenn unsere Seelen in Liebe reisen, dann entsteht Verbindung zwischen den größten Gegensätzen dieser unserer Welt. Mann bleibt Mann und Frau bleibt Frau. In ganzer Klarheit als der Mensch, der er ist.

Wenn uns aus der Erkenntnis aller Unterschiede und mit der Verbindung in Liebe, die Rückkehr als EINS gelingt, dann führt dieser Weg genau dorthin, wo wir einst gefallen sind. Jedoch diesmal als liebender Mann und liebende Frau.

Alles andere ist ein Bekenntnis zueinander und weit entfernt von Erkenntnis über sich selbst.

17. NOTIZ AM RANDE

3 Jahre habe ich gebraucht! Heute lese ich das letzte Buch MIT ihr!" So schrieb mir mein Bruder gestern. Für unsere Mutter war Lesen leben. Ich erinnere mich an sie immer mit einem Buch in der Hand.

Sie las alles und dies genau. Wenn ich Mitteilungen aus der Schule nach Hause brachte - egal welcher Art - nahm sie einen Stift zur Hand und korrigierte allfällige Rechtschreibfehler und Interpunktion. Danach schickte sie es mit einem spröden: „zur Kenntnis genommen" zurück. Gelegentlich ließ sie sich noch zu einer Benotung hinreissen. Manchmal bastelte sie Papierflieger daraus. Ich liebte das. Sie war wie mein Anwalt und suchte Fehler beim Ankläger. Vermutlich tat es ihr auch im Herzen weh.

Aber zurück zu ihren Büchern. Wenn es ihr ein Buch besonders angetan hatte, nahm sie abermals einen Stift und unterwellte Sätze, da und dort ein Sternchen, einen Verweis auf ein anderes Buch, eine andere Seite. Das war Lesen mit allen Sinnen und ungebrochener Aufmerksamkeit. Es gab Augenblicke, da hätte ich mir diese Aufmerksamkeit für mich gewünscht. Dies war bestimmt der Grund, warum ich Bücher nicht mochte. Die pure Eifersucht!

Vor drei Jahren standen mein Bruder und ich vor diesen unendlichen Büchern. Sie war erst 2 Tage zuvor gestorben. Sie hatte ein Zimmer nur für ihre Bücher. Einzig ihr Klavier stand noch hier. Ich fühlte mich erdrückt von dieser Bücherwand. Ich sagte: „Ich verbrenne ALLE!" Er: „Ich nehme jene mit Notizen und ich lese sie MIT ihr, danach lasse ich sie gehen. Ich weiß nicht, wie lange es dauern wird!"

Ich nahm keines, kein einziges. Ich verschenkte den Rest der Bücher und einige entsorgte ich, ohne mit der Wimper zu zucken.

Immer wieder schickte mein Bruder Bilder von Buchseiten mit Notizen am Rand. Oft spürte ich sie so stark in diesen Augenblicken und erkannte Seiten an ihr - unbekannte, wunderschöne, traurig, liebevolle Notizen.

Einmal schrieb sie: „* meine Tochter!"

So entstanden langsam Bilder in meinem Kopf. Bilder zu ihren Gedanken, wieviel Erfüllung sie darin fand. Meine Eifersucht wurde kleiner, meine Bilder stärker.

Wenn ich lese, habe ich oft wunderbare Bilder nach 3 Sätzen und ich wünsche mir, dass es mir gelingt, ebenso diese zu erzeugen. Einen

Kurzfilm, einen Ausflug in meinen Kopf. Ich wünsche mir, eine Notiz am Rand zu sein.

Meine erste Geschichte schrieb ich als ich von ihrem Tod erfuhr. Einen Abschiedsbrief - EINE SEITE - allein weit weg von ihr. Ich war am Meer. Ich faltete ihn zu einem Boot. Ich habe Papierfalten von ihr gelernt. Unnötige Nachrichten faltete sie zu einem Flieger und ließ ihn fliegen. Wichtige zu einem Boot! Ich schwamm aufs Meer, ließ meinen Brief schwimmen. Er enthielt alles, was ich ihr wünschte.

Ich habe bis zum Tod meiner Mutter keine Geschichte geschrieben, kein Wort. Lesen wollte ich ebenso nicht. Ich glaube manchmal: Es ist sie, die durch mich schreibt. Vielleicht ist es sogar so und ich liebe es so sehr, so wie sie las. Manchmal gibt es Augenblicke, da wünsche ich mir, sie würde meine Geschichten lesen.

Sie wäre so glücklich darüber!

18. LAURA

2 Augen blickten mich an und wie!
Vor 24 Jahren kam meine Tochter Laura zur Welt. Es war ein Alptraum, der ewig dauerte und in einzelnen Phasen auch kritisch. Nach 30 Stunden war sie da und wie! Putzmunter, verdrückt und die Augen weit offen.
Wir meinten damals, dass wir eine kleine Schönheitsoperation gleich anschliessen sollten, da ihr Gesicht von dieser langen Geburt etwas mitgenommen schien. Die Abteilung war gegenüber. Die Versuchung

war wirklich groß. Kurz vorbeischauen zur Nasenop. Nun das Gesicht entfaltete sich dann aber und wir ließen es sein.

Sie war so schön!

Meine Laura war ein sehr aufgewecktes, freches und sehr burschikoses Wesen. Wehe, ich näherte mich mit Kleidern. Immer freundlich, lebendig und interessiert an Neuem.

Eines Tages, sie war 7 Jahre alt, sagte sie: „Ein Tisch auf 3 Beinen steht nicht sicher. So wie unsre Familie!" Ich saß und war sprachlos. Meine wiffe kleine Tochter umschrieb - wir brauchen noch einen Bruder - auf diese unnachahmliche Weise. Ich ließ es so stehen. Ich ließ es wirken. Ich wollte noch ein Kind für SIE. Mein Gedanke war: Sie soll Familie haben, wenn es mich nicht mehr gibt. So ehrlich war ich mit mir. Das Geschwisterchen war mein Geschenk an sie für ihr SEIN. Nach dieser Erfahrung bei der Geburt war es definitiv nicht mein Wunsch für mich!

Es vergingen 3 Monate und ich war schwanger. Weitere 3 Monate später, kam der Tag, an dem ich ihr davon nun erzählen wollte. Wir setzten uns nieder und sie begann zu reden.
Ein Buchstabensalat. Jeder Satz begann mit: „Weißt du...?" Sie sagte zu mir: „Weißt du Mama, heute in der Schule haben wir gehört, dass es eine Tablette gibt, die können Frauen nehmen, damit sie nicht schwanger werden!"

„NIMMST DU DIE EH?"
Ich: „NEIN!"

Sie war etwas ungehalten, aber dann doch freudig. Ihr Bruder, der einige Monate später zur Welt kam, musste ihre gesamte Liebe, Verantwortungsgefühl und Eifersucht ertragen. Sie übernahm ab Tag 1 die Rolle der Mutter, schubste mich zur Seite und erklärte mir die Welt.

In der Schule verstand sie nicht, warum auch andere Kinder Referate halten sollten außer ihr. Sie war oder lud sich zu jedem Fest ein. Selbst wenn es Kindergeburtstage nur mit Jungs waren, argumentierte sie einfach solange bis sie zur Ausnahme wurde. Ich nehme an, es war Resignation auf der Seite der Buben. Im Gymnasium erklärten mir die Lehrer, dass sie plane UN-Generalsekretär zu werden. Bloß wusste ich nichts davon. In der Zwischenzeit nun ist sie eine erwachsene junge Dame mit einem Energielevel, das mich binnen Minuten ins Koma schiesst. Ich erinnere mich selten, etwas zu erzählen. Ihre Sprechzeit füllt fast jede Minute.

Sie ist ein prachtvoller, starker Mensch. Kritisch, ehrlich, temperamentvoll. Familie ist ihr Heiligtum, ihr Bruder ihr Versuchsobjekt. Sie ist aber vorallem meine Tochter, auf die ich wahnsinnig stolz bin. Habe ich ihr das eigentlich je gesagt? Ich nehme es mir fest vor, nächstes mal finde ich den Augenblick:

„Laura, ich bin so stolz auf dich!"

19. GURUS

Dann such dir doch eine neue Mutter!" schreie ich ihm nach. Dies ist das sinnvolle Ende einer Diskussion, dachte ich. „Hab' ich schon!" brüllt er zurück und ich: „Aha, und wer ist die Glückliche?"

„Angelina Jolie!"

Stille bei mir. Da kann ich nicht mithalten. Ja, okay. Sie managt also 5 bis 6 Kinder - was weiß ich wieviele, ist schön bis zum Anschlag. Damals noch mit einem Brad Pitt im Schlepptau. Was soll ich sagen. Bestimmt auch noch so eine 30-Zimmer Villa mit ein oder zwei Pools. Setzt sich für alles mögliche ein, dreht einen Film nach dem anderen und sieht natürlich Tag und Nacht atemberaubend aus. Ich in diesem Moment mit verschwollenen Augen, Haaren in alle Richtungen und Ansatz zur gewissen Trägheit. Soziales Engagement gegen null. Stimmt gar nicht, ich spende ab und zu, wenn das schlechte Gewissen überhand nimmt.

ABER Moment: Sehr gut, denke ich mir. Sein Zimmer wird also demnächst frei - dann kann ich es vermieten an Brad Pitt. Den nämlich spanne ich der zukünftigen Mutter meines Sohnes dann aus, weil mit ihm an der Backe, wird sie keine Zeit mehr für ihren Traummann haben. Kurze Rede langer Sinn: Ich nehme mir die Vorteile aus der Situation und die Situation nicht immer ganz so ernst, wie es scheint. Mein Sohn ist ja noch immer bei mir und Angelina ist längst Geschichte. Vermutlich der Grund, warum Brad Pitt nicht an meiner Seite ist.

In dieser Episode ist nicht Angelina mein Guru, sondern mein Sohn. Ein Wegweiser, der Signale setzt und es an mir liegt, was ich daraus mache. Die guten, lustigen, aufregenden, provozierenden und verletzenden Gurus. Und ich kann sagen, es ist echt oft verdammt schwer, den Sinn zu entdecken. Ich bleibe aber dabei: jeder, der meinen Weg kreuzt, hinterlässt etwas und treibt mich und ihn weiter.

So ist auch mein Hund - mein Guru, der mir zeigt, wovor ich Angst habe. Er sieht mich an und reagiert entsprechend meiner Emotion. So auch Freunde, die mir Sätze zuwerfen, die ich anfangs nicht verstehe und langsam in mein Leben integrieren kann. Skurrilen Situation, denen ich voller Unverständnis gegenüber stehe und erst später die Aussage für mich wahrnehmen darf.

Ich habe Freunde, die jeden Cent umdrehen, bevor sie ihn ausgeben. Von ihnen durfte ich unendliche Bescheidenheit lernen. Ich traf auf Menschen, die mich inspirieren, ohne sie wirklich zu kennen. Ich sehe meine Kinder, die trotz allen Widerstands soviel von mir annehmen.

Ich höre meinen Bruder, der nie meiner Meinung und ich nicht seiner und dennoch ist uns nichts wichtiger als genau diese Meinung. Wir haben so eine große Anzahl an Gurus um uns, deren Wert wir so selten wahrnehmen und der alles ist, aus dem wir gemacht sind. Besonders weit bringen mich jene, die ich nicht zu meinen Gurus zählen möchte.

Aber zurück zu Brad Pitt. Er hätte an meiner Seite ganz bestimmt ein entspannteres Leben als bei Mrs.A. Er weiß mich als Guru, einfach nicht zu schätzen - kommt aber noch!

20. MUTTERSEIN!

Ich bin Mutter. Keine sonderlich liebevolle Mutter. Keine Ich-packe-dich-in-Watte-Mutter. Als meine Tochter zur Welt kam, war ich monatelang in Angst, mein Kind werde durch meine Unachtsamkeit sterben. Mit der Zeit verflog diese Furcht und ich wachte über sie wie eine Löwin. Nicht zimperlich, nicht sanft. Verhielt sie sich falsch, korrigierte ich sie, nicht mit langen Erklärungen, sondern mit kurzen Ansagen.

Ich konnte nicht anders. Im Rückblick oft hart und unbarmherzig. Tränen, viele Tränen ließ ich teils gefühllos an mir vorbeigehen. Ich spürte stets den Zwiespalt in mir. Ich hatte immer die Unsicherheit, wenn ich sanft und weich werde, kann ich sie nicht beschützen. Und diese Härte zahlte sich in vielen Situationen, die auf uns zukamen, aus.

Saß ich einem "Ankläger" meiner Tochter oder meinem Sohn gegenüber, so war ich der Anwalt. Ich erinnere mich an Lehrer, die Vorfälle erzählten und meine Entschuldigung oder mein Verständnis für ihre Massnahmen einforderten. Ich aber diese zur Kenntnis nahm und oft antwortete: „Ich stehe vor und hinter meinem Kind, niemals auf einer anderen Seite." Es hieß nicht, dass ich meine Kinder schadlos hielt, doch niemals von außen.

Meine Mutter war selbst Lehrerin. Wie oft erzählte sie mir von Eltern, die ihren Kindern vor den Lehrern in den Rücken fielen. Im Glauben das wäre der beste Weg. Sie hatte kein Verständnis dafür. Ich noch weniger.

Ich ließ einem Freund meiner Tochter, einem Raser, ausrichten: „Wenn ihr etwas passiert, ist das letzte Gesicht, dass er sieht das ihrer Mutter!"

Mag sein, dass mein Verhalten überzogen und radikal ist. Ich bin selber so aufgewachsen und ich habe meine Mutter für ihr konsequentes "Zu-Mir-Stehen" sehr geschätzt. Ich nahm im Laufe der Jahre viele Rückschläge auf mich, um meine Kinder zu schützen. Begab mich in Situationen, die mir persönlich widersprachen, aber den beiden halfen. Sie wussten und wissen, wer immer, in jedem Augenblick zu ihnen steht. So schützte ich die Freiheit und das freie Denken meiner Kinder.

Ab einen gewissen Zeitpunkt musste ich diese Verantwortung auch alleine tragen mit all seinen Konsequenzen und noch mehr Kraft und Widerstand. Mir ist bewusst, was ich ihnen hinterlasse an Erinnerung an mich und wie stark ich diese Kinder geprägt habe. Ich weiß, dass sie Werte in sich tragen, sie Verständnis am rechten Platz spüren. Sie gelernt haben, selbständig und vorallem FREI zu denken und zu handeln. In der steten Sicherheit, dass ich zu ihnen stehe und ihnen jenen Schutz gebe, den ich als Mutter geben MUSS.

Ich weiß auch, dass sie oft das Liebevolle und die mütterliche Sanftheit vermissen mussten. Auch das wird sie prägen. Ein Fehler? Vermutlich ja.

In dieser Zeit spüre ich mehr denn je tiefe Verbundenheit mit mir und meinen Kindern. Wenig Verständnis für viele und vieles. Toleranz, Rücksicht und Anstand wird mich nie davon abhalten, Schaden von ihnen abzuwenden. Selbst, wenn ICH Schaden erleide. Dies sage ich mit Kopf, Herz und Instinkt.

21. BRUDER

Mein Bruder ist 5 Jahre älter als ich. Ein guter Altersunterschied. Wir hatten auch die selben Eltern - kurzgesagt: wir haben im gleichen Genpool gefischt. Nun, was soll ich sagen: wir sind komplett verschieden - einzig an unserem Humor kann man uns als Geschwister identifizieren. Ansonsten sind wir zwei ganz unterschiedliche Menschen, auch optisch, so gut wie keine Übereinstimmung. Und unsere Lebenseinstellung und berufliche Entwicklung ist soweit entfernt wie nur möglich.

Er, der intellektuelle Doppeldoktor und Forscher, ich, der verrückte Freigeist. Er, der Karriere auf der ganzen Welt machte und auch im Ausland blieb. Ich, die es beruflich nur in den 8. Bezirk geschafft hatte und Wien nie wirklich verlassen konnte. Unsere Telefonate sind eher voller Unverständnis, was der andere gerade spannend und richtig für sich findet. Er kann mich nicht verstehen und ich kann es auch nicht in seine Sprache übersetzen. Doch vermutlich ist das Wichtigste, dass ich ihn sehr liebe und er mich auch.

Vor einiger Zeit nahm er an einem Programm teil. Er musste 10 Menschen „nominieren" aus seinem Umfeld. Jeder sollte 3 positiven Geschichten über ihn erzählen - nicht lang, nur ein paar Zeilen. Er bat mich, mitzumachen.

Leeres Blatt vor mir und los ging es. Besser gesagt: nichts ging los. Ich hatte keine Erinnerung an uns beide, nur an mich. Ich war plötzlich so leer wie dieses Blatt. Wie kann es sein, dass alle Kindheitserinnerungen an meinen Bruder plötzlich weg waren, besser gesagt, nie da waren? Es war für mich so, als ob es ihn nie gegeben hatte. Erinnerungen an meine Freunde, an meine Eltern, an meine Schule, alles war da - nur er war nie Teil davon. Ich war sprachlos.

Ich ließ ein paar Tage vergehen.

Ich überlegte lange. Ich hatte in meiner Kindheit nur Platz für mich und das war - glaube ich - ab Tag 1 meines Lebens so. Er hatte mir diesen Platz zugestanden. Er hat mich SEIN lassen - laut, vorlaut und besitzergreifend, während er im Hintergrund blieb und sich in die zweite Reihe stellte. Ich hatte einen Bruder, der mich nicht zurückwies oder einengte. Der mich so groß werden ließ, wie ich es damals gebraucht habe. Andere Brüder tyrannisierten ihre Schwestern, ich aber durfte einfach seine kleine Schwester sein. Für mich hatte er sich wohl bewusst oder unbewusst zurückgenommen.

Das ist das Tollste, was ein Bruder für seine Schwester tun kann und ich durfte durch ihn, der Mensch werden, der ich heute bin - wie dankbar muss ich dafür sein. In dieser Zeit hatte er vermutlich genau auch jenen Raum, um seine Interessen groß werden zu lassen, während alle mit mir beschäftigt waren - vielleicht auch oder bestimmt gut für ihn.

Und langsam, aber doch kamen wieder die Erinnerungen ganz sanft daher. Letztes Wochenende bin ich dann zu ihm geflogen als Überraschung und die Zeit gehörte nur ihm. Ich habe mich bemüht, neue Erinnerungen an ihn zu schaffen, gut zuzuhören und kann mich auch fast an jedes seiner Worte erinnern.

22. ER

Ich habe selten über meinen Vater erzählt. Seltsam, weil doch so viel von ihm in MIR steckt. Genau das ist das Problem. Ich hatte eine philosophische, stille und intellektuelle Mutter mit sehr viel Weisheit. Auf der anderen Seite, einen absolut hedonistischen Vater. Ein Genussmensch, der weit über jede Grenze ging. Frauen, Essen, Trinken konsumierte, als gäbe es kein Morgen und vorallem als gäbe es keine Familie.

Er war ein toller Vater. Für jeden Blödsinn zu haben. Die Frage: „Spielst du etwas mit mir?" beantwortete er stets mit JA! Wenn er spät nach Hause kam, kuschelte er sich zu mir ins Bett und schlief sofort ein. Ich liebte das. Weihnachten waren wir zuständig für jegliche Form von Kitsch. Im Urlaub schmiss er mich in die Wellen. Der Wiener Prater war unser Revier. Er las mir jeden Wunsch von den Augen ab und trug mich durch meine Kindheit. Wir lachten immer!

Ich entschied mich, seinen Beruf zu wählen und er half mir beim Studium.

Da war aber auch diese andere Seite. Diese unerbittliche harte unverzeihliche Art. War jemand in sein Visier geraten, bekam er diese Härte zu spüren. Und die überstieg bei weitem den Auslöser. Gelegentlich war ich fassungslos, wie gespalten er war. Ich hatte sie als Kind nie zu spüren bekommen. Ich war sein Liebling. Meinen Bruder mochte er nicht. Das sage ich und das war so!

Meine Eltern trennten sich sehr spät, als ich 30 Jahre war. Meine Mutter litt sehr und ich stand dazwischen. Die Situation wurde immer unerträglicher. Ich erfuhr Dinge über ihn, die ich kaum, aber doch glaubte. Ich sah meine Mutter verfallen und ihn, alsob es sie nie gab. Er heiratete eine Frau, die ich sehr schätzte.

Wir sahen uns, wir aßen, tranken und fühlten uns wohl. Immer mehr und immer öfter wollte er Zeit mit mir verbringen - zuviel Zeit. Ich hatte ja auch meine Familie, die ihn nicht wirklich interessierte. Meine Kinder störten ihn irgendwie. Er liess sich auch zum Satz hinreißen: „Ich hatte auch keinen Grossvater, das brauchen Kinder nicht!" Ich hatte auch meine Mutter, mit der ich Zeit verbringen wollte.

Die Zeit verging, ich liebte ihn einfach. Für mich der beste Vater der Welt, für meinen Bruder kein Vater und für meine Mutter der lebendige Alptraum.

Bis zu dem Tag als wir wegen einer Kleinigkeit zum ersten Mal in unserem Leben aneinandergerieten. Er erhob den Zeigefinger, mahnte mich, belehrte mich, drohte mir und schickte mich fort.

Er hatte danach noch versucht - wenn ich um Gnade bitte - den Kontakt wiederherzustellen.

Er stellte Forderungen für die Liebe zu mir.

Er hat aber eines vergessen: ich bin ganz viel von IHM. Ich kann unerbittlich, unverzeihlich und gnadenlos sein. Das war vor 9 Jahren. Ich habe ihn nie wiedergesehen und werde ihn auch nicht mehr wiedersehen.

Ich erinnere mich lieber an unsere wunderbare gemeinsame Zeit und behalte das und nur das in Erinnerung. Nein! Ich verbringe keine Zeit mit Menschen, die mir nicht guttun, selbst, wenn es der eigene Vater ist.

Ich liebe ihn, bin dankbar und bleibe fern für IMMER!

Spiritualität

23. JENSEITS VON EDEN

Und Gott nahm den Menschen und setzte ihn in den Garten Eden, dass er ihn bebaute und bewahrte. - 1. Buch Moses 2

Garten Eden, Paradies, Garten der Wonne, Ort der Seeligen! Für mich: Heimat der SEELEN.

Es ist der Garten aller Gärten. Er ist der Ort der erlesenen Schönheit und Lebensfülle. Der Geburtsort unserer Seelen. Ich war nicht dort oder doch? Wir waren alle schon dort und werden es wieder sein. Ich spüre immer stärker, wo unser Ursprung liegt. Mag sein, dass unsere irdische Hülle aus den Sümpfen dieser Welt entstanden ist, doch der Geist, unsere Seele, unser Mann- und Frausein, hat genau dort seinen Ursprung. Ob Adam und Eva, Adam und Lilith. Der Mensch. WIR.

Wer auch immer diesen Garten schuf, wo auch immer er einst entstanden ist, wer auch immer am Baum lehnte, wer auch immer ihn bewacht, er birgt das Geheimnis der Vollkommenheit des Lebens. Der Garten als eine vollendete, eigene Welt mit all den Lebewesen, Pflanzen, Quellen, Farben und Seelen, die Leben einhauchen. Die Natur als Ursprung für unser ganzes SEIN.

Dieser Garten ist DER Garten. Er ist vollkommen. Ich sehe ihn in voller Blüte. Üppig. Wild. Blumen, Sträucher, Bäume. DER Baum.

Der URBAUM.

Er ist nicht hoch, sondern gedrungen, ein dichtes Geäst mit den schönsten, ja - weiblichsten Früchten. Der Frucht des Lebens. Entstanden aus einer kleinen Knospe. Gewachsen als unreife Frucht. Bis zur Reifung ist es ein langer Weg der Entwicklung. In voller Reife. Süß, Verführerisch. Vollendet. Einen Weg, eine Zeit, die es braucht. Die Wurzeln tief in der Erde. Stark und widersteht jeder Urgewalt. Er - der Baum trägt all diese Geheimnisse in sich. Jene, die wir glauben zu wissen und dennoch nichts wissen. Die wahre Erkenntnis blieb uns verborgen. Doch. Sie ist so einfach und so klar.

Ob Apfel oder Feige. Eher Feige als Apfel. Der Garten nährte und nährt auch und vorallem unsere Seele. Er ist Heimat der Tiere und der Menschen. Er ist das, was uns umgibt. Die Erde aus der wir erschaffen wurden und zu der wir wieder zerfallen. Das Wasser als Quelle des Lebens. Das, was uns am Leben hält. Die Natur, die uns zu essen gibt und diese unsagbar heilende Stille. Unersetzbar. Hier finden all unsere Gedanken eine Heimat. Das ist der Ort, wo wir sie wiederfinden. Wir haben sie allzu oft verloren. Ja, wir haben uns weit entfernt von ihm - von UNS.

Der Mensch wurde aus dem Garten vertrieben, da er die Fähigkeit erlangte, zu erkennen. Was haben wir daraus gemacht? Verlorene Zeit? Verlorener Ort? Es ist alles da. Die Wächter sind heute andere, die Rückkehr zu dem, was uns Menschen besonders macht. Die Gedanken, die innere leise Stimme, die Seele, das ICH. Der Einklang mit der Natur, das Miteinander anstelle von Gegeneinander. Das Ende des Beherrschens der eigenen, menschlichen Natur. Alle, die wir diesem Garten entsprungen sind, sind EINS.

Unser Weg der Erkenntnis, der Weg zurück ist wohl der Sinn des Lebens. Was braucht es schon - das Leben?

EINS werden durch Zeit, Reife, Erkenntnis und Liebe.

24. DIE ERSTE FRAU VON ADAM

In meinen Träumen reise ich. Durch meine eigenen Geschichten, durch die Geschichten der anderen, durch die Musik, die ich höre. Ich träume von der Rose, die der kleine Prinz pflegt, vom Sündenbock, der nun friedlich grast, von lauter Was-wäre-wenns, von der Wüste, in der es endlich regnet, vom Glück und Unglück, von Tabusbrechen und Moral, vom Loslassen und Haltgeben, von Wut und Ohnmacht, von Küssen und Enthaltsamkeit, von Stille und Feiern, von Freiheit und Eingesperrtsein, von den Gegensätzen und dem Paradies, von der Liebe in seiner ganzen Vielfalt, von Adam und Eva, die harmonisch miteinander leben. Stop, nein davon träume ich nicht. Ich träume von Adam und Lilith.

„Wer ist Lilith?", fragt Dr. Faust in Goethes Drama seinen Begleiter Mephisto und der antwortet: „Adams erste Frau."

Ich dachte immer, ich wäre dem Teufel näher als Gott. Zumindest war es das, was ich öfter gehört habe: „Naja, Schätzchen, so kommst aber nicht in den Himmel." Und erwische mich zu Ostern, wie ich dem Papst bei seiner Osterrede andächtig lauschte, auf einem wunderbar leeren Petersplatz. Ich war wie gebannt und aufmerksam, als er sprach. Ein Interview, das zuvor ausgestrahlt wurde, ließ ich ebenso über mich ergehen und fand es hinreissend.

Also ja, ich muß wirklich meine ganzen Glaubenssätze überdenken. Schlichtweg, es ist nicht alles falsch und es ist nicht alles richtig. Ich entdeckte, dass mich diese Geschichten nun immer mehr mit sich nahmen. Und ich meine Kinder schon seufzen höre, wohin denn das nun führen soll. War mein dummes Gerede: „Eines Tages gehe ich ins Kloster, schon aktuell geworden oder Oneway nach Kathmandu?" (Kathmandu war zwar immer die Fluchtroute meiner Mutter, aber nur in ihren Träumen.)

Ich fragte meinen Sohn, was er über Adam und Eva gehört hatte. Nach einem verzweifelten Lachanfall, er mir dann die Geschichte erzählte, so wie ich sie kannte. Ich ihn dann fragte, was wäre wenn, es schon eine andere Frau vorher gab, von der wir nie erzählten. Naja, das war ihm dann zu dumm und er ging.

Lilith aber die erste Frau Adams? Sie, die wie Adam aus der Erde erschaffen wurde? Nicht aus der Rippe, nicht wie Adam es wollte. Nein, Gott erschuf die Menschen - Mann und Frau. Der Gedanke beruhigte mich. Was wäre wenn wir all unsere Missverständnisse und unser Weltbild, unsere Glaubenssätze und unser Schwarzweißdenken aus einer fehlerhaften Ursprungsgeschichte entstanden sind? Lilith durch alle Religionen gewandert ist und wir nun an dem Punkt angekommen sind, die Geschichte neu zu schreiben?

Ich glaube - nein ich weiß - mit Glauben bin ich nun vorsichtiger, meine Geschichten und die Geschichten der anderen wären befreiend anders und würden in einem vollkommen neuen Licht erstrahlen. Ostern war meine ganz kleine Erleuchtung in Stille. Ja,

meine eigenen unglaublich starken Widersprüche erschöpfen mich.
Das liegt wohl an der Schöpfung.

Oder aber ich bin nur einwenig verrückt.

25. 5,4,3,2,1

Freiheit! Wahrheit! Alle rufen nach Freiheit und nach Wissen.
Die 5 als Mitte zwischen 1 und 10. Sie steht genau dafür. Wir
wollen also in der Mitte sein. Aber Moment mal, haben wir all
unsere Aufgaben bis jetzt erledigt? Können wir überhaupt noch
richtig zählen?

Wie sieht es aus mit der 4? Die Basis, die es braucht, wie Geld, ein
Zuhause, Halt, eine Ausbildung. Haben wir uns das bereits
erschaffen? Und die 3 als Abbild der Sprache, der Gemeinschaft, der
Familie und dem - wie heißt es so schön - Leben in einem sozialen
Gefüge mit allem, was dazu gehört. Und wie sieht es mit der 2 aus?
Respektieren wir unsere Polarität? Den Spiegel, das Mann- und
Frausein, den Dialog, die Gegensätze, Widerstände,
Unterschiedlichkeiten und die Auseinandersetzung mit dem DU?
Und können wir das alles eigentlich, wenn wir gar nicht wissen, wer
wir sind?
Die 1 - das ICH?
Wer bin ich, fragte ich hier. Weiss ich, wer ich bin, losgelöst von der
Bewertung anderer - dem Außen? Prüfe ich mich nach meinen
Werten, meiner Eigenständigkeit, meinem Willen? Weiss ich, was
richtig und falsch für MICH ist. Habe ich gelernt, mich selbst zu
lieben, zu achten und Respekt vor mir, meinem Körper, meiner Seele

und meinem Geist zu haben? Denn erst wenn ich es für mich weiss, weiss ich es eventuell für andere. Und grundsätzlich: Reiche ich mir?

Autsch!

Nur aus diesem ICH entsteht ein WIR.

1,2,3,4,5! Eine Hand VOLL!

und wenn ich weiterzähle:

6,7,8,9,10!

Die reine Liebe - die 6. Sie entsteht, wenn wir unsere Aufgaben gemacht haben: das ICH, das DU, das WIR, die BASIS, die FREIHEIT oder auch 1,2,3,4,5 wird zu 6. Liebe enthält alles vorangegangene und vorallem das, was ihr voransteht. Die Freiheit! Liebe ist nicht das Besitzen, sondern ein weiterer Schritt und kann dann und nur dann REIN entstehen. 7 - der Wagen und die Zügel, die alles zusammenhalten. Sie brauchen nicht festgezogen sein, sie können lose hängen, denn die gemeinsame Reise - wenn all das erledigt ist - führt von selbst ans Ziel. 7 vertraut und führt in die 8, die Harmonie. Sie ist nicht aufgebaut auf Kompromisse, sondern auf der bewussten Entscheidung, das laute JA zu allem, was dem voranging. Und 9? Der Rückzug, die Einkehr zu uns selbst. Das Ablösen von außen und das Wachsen im Innen.

9 ist das bewusste SEIN.

Ohne alle Einflüsse unserer Außenwelt. Der Weg in unsere Seele in all ihrer Schönheit, Weisheit und Zufriedenheit. Frieden finden in einem Leben voller Aufgaben, dem Körper - der Hülle - seine Bedeutung entziehen und sich wiederfinden in seiner inneren Größe, um aufzubrechen in die 10 der reinen Göttlichkeit in uns selber. Dort wo alles begann und alles wieder beginnen wird mit einem kleinen göttlichen Geschöpf - der 1, die sich abermals auf den Weg zu 10 macht.

Das Schöne am Leben ist, dass man es an den Fingern abzählen kann, wo man steht. DAS haben wir hoffentlich nie verlernt und falls doch, dann können wir immer noch zählen lernen.

Fangen wir doch mal mit EINS an, da wo es noch kein Wort gab und geben soll -

nur beim reinen ICH!

26. EINS

Irgendwie. Irgendwie beginnt alles mit 1. Sie ist die Zahl, die die Mathematik auch irgendwie anders sieht als die unendlich Folgenden. Sie ist keine Primzahl, was ja auch irgendwie seltsam ist. Jede Zahl ist durch Eins und durch sich selber teilbar. Und wenn sie NUR das ist, dann also Prim.

Komischerweise gilt dies eben bloß nicht bei der Eins. Sie ist ja auch ungerade und irgendwie auch nicht, denn vor ihr war ja nichts! Irgendwie kommt mir vor, die Eins setzt dem Rest die Krone auf in all ihrer Bescheidenheit, Größe und in ihrer Einmaligkeit! Und welche Zahl oder was auch immer man mit ihr multipliziert, so bleibt sie oder es dennoch unverändert. Also wie soll ich sagen. Eins ist in allem und doch erzeugt es keine Veränderung? Eins IST also bloß oder wenn ich es biblisch sehe, ist EINS das:

ICH BIN.

Der Ursprung also. Eins klingt auch irgendwie nach Ego. Hat also einen fahlen Beigeschmack. Die Nummer Eins zu sein, wollen zwar alle, aber zugeben möchte man es nicht wirklich. Und wesentlich: kaum jemand oder etwas beherrscht es wirklich die Nummer Eins zu sein. Denn dies hieße überraschenderweise wirklich GROSS zu sein, obwohl sie so klein ist. Die ersten werden ja bewundert und zugleich auch beneidet und vom obersten Treppchen geholt. Also zuerst von unten nach oben und dann wieder von oben nach unten. Wobei warum Eins ganz oben ist, ist ja auch etwas mystisch.

Ihr fehlt irgendwie etwas und sie klingt auch nach: EINSam. Vielleicht liegt es daran, dass sie keinen Schatten wirft, denn sonst müsste sie zumindest zu zweit sein. Zwei EINSer also. Eins lässt sich wunderbar addieren. Da versinkt sie in den anderen Zahlen quasi oder etwa nicht? Ist nicht vielmehr Eins in allem enthalten? Und entsteht nicht irgendwie alles aus ihr?
Der Gedanke gefällt mir viel besser.

Eins ist überall und Eins macht jede Verbindung möglich, ohne dass eines besser ist als das andere. Irgendwie sind lauter Einser eine Ansammlung vieler: ICH BIN und machen daraus ein: WIR SIND, ohne sich aufzulösen.
Puhhh.
Ich frage mich gerade, wer überhaupt auf die Idee gekommen ist, zu zählen und ist daraus etwa erzählen entstanden? Irgendwie muss es irgendwo begonnen haben und irgendwer muss gedacht haben:

„Lass' uns mit Eins beginnen und schauen wir mal, was sich daraus entwickeln kann." Wie eine wunderschöne Geschichte, die mit dem ersten Wort beginnt. Je länger ich als EIN Mensch darüber nachdenke, entdecke ich, dass EIN Leben in EINEM Körper etwas EINzigartiges ist. Dass ich entstanden bin durch EINEN Mann und EINE Frau aus EINER Idee heraus. Das EIN Augenblick für EIN Leben ausreichte. Das EIN Herz mich auch am Leben hält. EIN Blick mehr sagen kann als tausend Worte und dass alles EINS wird, je intensiver wir uns des EINS-Seins bewusst werden.

Und so spüre ich, dass Eins plötzlich unendlich groß sein kann, obwohl es nur Eins ist, der scheinbar kleinsten ganz ersten und dennoch vollständigsten und einmaligsten aller Zahlen.

Irgendwie jedenfalls!

27. ZWEI

Die erste gerade Zahl also. Die erste Gerade. Die Verbindung. Die erste Verbindung von zwei Punkten. Das Mann- und Frausein oder auch Gut und Böse und Kälte und Wärme und und und...
Immer auf einer Linie also und immer untrennbar miteinander verbunden und zugleich auch gegeneinander. Ich springe auch nicht zwischen den einzelnen Geraden. Also ich verbinde nicht Mann mit Böse oder Frau mit Gut. Gegensätze trennen sich nun mal, um sich wieder anzuziehen. Das ist die Faszination der beiden Enden und zugleich ihr Dilemma.

Was können wir uns ärgern über die andere Seite und wie sehr können wir Sehnsucht haben danach. Es gibt Tage, da wünsche ich mir die Nächte und Nächte da sehne ich nichts mehr herbei als den Tag. Ab und zu versinke ich in der Dunkelheit und sehe kein Licht. Dennoch ich brauche beides: Schwarz und Weiß. Oder besser gesagt, ich brauche Schwarz, um Weiß zu erkennen.

Zurück zu Zwei oder zu Mann und Frau. Über nichts wird mehr geredet, geschrieben, gedacht als über dieses Paar. Dieses absolut Ungleiche. Dieses links und rechts, von dem man meinte, es solle sich doch in der Mitte treffen, angleichen aneinander, also dieses 50/50. Ehrlichgesagt und man darf mich dafür steinigen. Ich will keinen fraulichen Mann und ich will auch keine männliche Frau sein. Soll bitte jeder schön auf seiner Seite bleiben und ab und zu da trifft man sich dann in der Mitte.

Nicht nur anatomisch.

Aber dann husch husch jeder wieder auf seine Seite, damit die Anziehung bleibt. Gut, wenn man ohne sie zufrieden ist oder auch gut, wenn man das als Teil der Entwicklung sieht. Spannend bleibt das Ende der Linie und der Weg dorthin und wieder zurück. Ich finde eben Gegensätze anziehender, wie alles in der Natur durch seine Gegensätze entstanden ist und sich genau dadurch bewegt. Dort entsteht nämlich jene magische Kraft. Jener Lichtblitz, der durch plus und minus, Funken schlägt. Klar, ich kann einen Widerstand wie in eine Glühbirne einsetzen, dann habe ich dieses gleichmäßige Licht. Auch das gibt Sinn.

Vielleicht liegt in der Tiefe dieses Zusammentreffens der Gegensätze auch der Ursprung für etwas Neues. Neues Leben, neue Ideen, neues Entstehen. Vielleicht reicht ein Funke ab und zu und die

Gleichförmigkeit und Harmonie DANACH für genau diesen Ausgleich. Das gleichmäßige Licht kann die Wärme für das Wachstum geben. Wovon auch immer.

"Es kommt zusammen, was zusammengehört!"

Die Zwei kann wieder zu Eins werden. Die Zwei verbindet immer. Sie, die gleichmässig teilt in zwei Hälften und immer die Harmonie und die Gerechtigkeit herstellt. Sie ist der Schatten zu Eins. Die Sonne zum Mond. Die Liebe zu Hass und der Mensch zu G'tt. Sie verbindet wie keine andere und ergänzt ihr Gegenüber wie keine andere.

Vor unendlicher Zeit wurde entschieden: Zwei! In endlicher Zeit geht der Weg wieder von Zwei auf Eins. Das Ziel der größten Vereinigung unserer Welt. Der Weg in die Mitte. Die Brücke zwischen den Extremen - das EINE Herz. Wir sind am Weg.

Denn alles, absolut alles ist EINS!

28. NULL ODER EINS

Dämmerung. Grau ist sie. Die Zeit zwischen Tag und Nacht oder Nacht und Tag. Wie auch immer. Die Grenze und doch keine, denn wo fängt das eine an und endet das andere? Dämmerung ist da, wo philosophieren anfängt. Da, wo die Zeit der Erklärungen - der Klarheit endet. Nie war es finsterer als jetzt.

Überall scheinen die Menschen ruhelos zu werden. Nervosität, wohin man blickt. Die Stimmung überreizt, Unhöflichkeiten, Unzuverlässigkeit, leere Worte, wohin man blickt und hört. Scheinbare Unvernunft, wobei die Zeit der Vernunft schon Ewigkeiten her ist. Es gibt in Wirklichkeit beides nicht. Wahrheiten sind immer nur halbe auf allen Seiten. Ein uraltes Gesetz. Die Menschen sind unterwegs, rastlos und auf der Suche.

Trotz Ablenkung: es ist Dämmerung. Schwarz gekleidet bin ich in der Farbe der Trauer oder der Nacht. Beides ist möglich. Es ist die Zeit der besten und bösesten Dichter. Nie oder fast nie wurde MEHR und zugleich WENIGER nachgedacht. Denkende schreien nicht. Jene scheinbaren Müßiggänger, deren Arbeit, jene der Gedanken sind. Als stille Beobachter einer finsteren Zeit. Nie war sie dunkler für die Intelligenz als jetzt.

Wir lernen nicht mehr, sondern zerstreuen uns. Digital ist unsere Welt geworden. Und das Digitale lernt! Laufend Null und Eins. Wir hingegen haben damit aufgehört. WER steuert eigentlich WEN?

Die Helden von heute scheinen jene zu sein, die einem die Angst vor Terror, Viren, Krankheiten und Verschwörern nehmen. Inzwischen zu einer eigenen Berufsgruppe etabliert. Sie sind es, die wilde Thesen und Gedanken spinnen. Früher nannte man sie Philosophen, nun sind es Verschwörer. Wer hinterfragt, gehört dazu.

Die Dämmerung ist das Ende der Erklärung. Im Himmel und auf der Erde ist der Rhythmus verändert. Frequenzen, die es immer gab, gibt es nicht mehr. Wir spüren sie, jeder einzelne von uns. Jedes Lebewesen. Diese Schwingungen zeigen Unregelmäßigkeiten. Oben wie unten. Unten wie oben.

Die Verschwörung ist hier wie dort. Man ist unmerklich Teil einer Bewegung, ohne es überhaupt zu wollen. Die Sprache wird grau anstelle von schwarz und weiß. Keiner bekennt sich noch. Erkennt sich noch. Eine graue einheitliche Masse im Lichte oder Dunkelheit der Dämmerung.

Die Zukunft hingegen kann beides sein: schwarz oder weiß. Wo auch immer wir gerade sind. Man spielt uns ja vor, die Welt sei arm, dabei erkrankt sie am Reichtum, Wettbewerb und Egoismus. Die Zukunft kann nur durch den Verlust an allem wieder entstehen. Konservieren können wir uns nicht - bloß verlangsamen. Alles entsteht, steigt auf zur Blüte und vergeht. Immer und immer wieder. Die Dunkelheit kommt unaufhaltsam und danach kann es dämmern. Rot.

Wir müssen verlieren, nicht gewinnen. Wir müssen leben, nicht erhalten. Wir müssen Dunkelheit sehen, um das Licht zu erkennen. Die Zukunft besteht aus Ängsten und Hoffnungen, die Vergangenheit aus Erinnerungen. Nur das Bewusstsein lebt im Jetzt. Zeit zu denken. Zeit aufzuwachen. Jeder für sich und alle gemeinsam. Wir sind eins. Die Welt ist EINS. Wenn sie das nicht ist, ist sie NULL.

Wer bin ich?

29. WER BIN ICH?

W enn keiner zusieht. Manchmal, in meinem stillen Kämmerlein und ich Raum für meine Gedanken habe, lasse ich sie fliegen. Sie fliegen in wunderbaren Träumen umher und landen bei mir. Sie fragen: „Wer bist du? DU. Jetzt."

Früher dachte ich. Job. Hab & Gut. Erfolg. Schönheit. Freunde. Das war jedoch nicht die Frage. Die Frage war: „Wer bin ICH?" Und ich habe sie ergänzt mit: „wenn mir keiner zusieht." Dann sind wir nämlich echt.

Diese Frage hat mich immer näher zu mir gebracht. Sie erinnerte mich, als ich als kleines Kind vor dem großen Spiegel meiner Eltern im Schlafzimmer stand. Damals wollte ich immer hinter diese Augen schauen.
"Wer schaut denn da?"
So als ob diese Hülle im Weg sei. Mit den Jahren vergaß ich diese Frage. Wichtig war, wer ich für andere war. Wie sehen sie mich, welches Bild vermittle ich. Auch heute lächle ich noch, wenn ich all das höre, wer und was ich sein soll. Ich denke mir: „Sieh', was du sehen magst."

Meine Maske nach außen, schützt mich. Schützt mich vor ungewollter Nähe. Sie ist auch mein Spiel mit der Undurchschaubarkeit, nicht einordenbar zu sein für andere. Für jene, die mich hingegen kennen, klar und einfach.

Wenn keiner zusieht, trage ich kein rosa Tütü, sondern Kleidung ohne Einsicht. Ich trage nie Schmuck, besitze nicht mal Wimpertusche. Meine Kleidung ist ausschließlich schwarz bis auf jene Ausnahmen. Farbe überfordert mich. Das ist kein Spleen seit gestern, sondern seit etlichen Jahren! Mir erspart dies Geld, Zeit und lange Warterei vor meinem Kleiderschrank. Schwarz lenkt nicht ab von mir. Weder mich, noch andere.

Wenn mir keiner zusieht, kann ich hervorragend schweigen. Ich bin weder dauerfrech noch lasziv untergriffig. Manchmal fehlen mir sogar die Worte und ich bin total sprachlos, ja total still.

Mein Leben ist eben nicht bunt. Ich bin in den Gefühlen nicht grau, rosa oder hellblau, sondern schwarz und weiß. Ich mag jemanden oder eben nicht. Ein bisschen mögen geht einfach nicht. Ich will es nicht überspitzen, aber ich habe echt wenige Freunde. Kaum lauwarme Bekanntschaften. Ich bin auch in meiner Meinung ja oder nein und selten vielleicht. Falls vielleicht, dann wird dies bestimmt relativ schnell klar, ob ja oder nein. Das ist kein Prozess über Monate, sondern ist eine Entscheidung bloß von ein paar Stunden.

Mag auch der Grund für mein impulsives Verhalten sein. Wenn ja, dann sofort und nicht morgen. Sehr schwer für meine Mitmenschen.

Wenn mir keiner zusieht, verliere ich mich in Musik. Da sitze ich und höre diese Schwingungen aus einer anderen Welt.

Weine und schwebe in meinen Träumen herum. Ein nicht messbares Gefühl aus einer anderen Welt.

Ich bin mal Kind, mal erwachsene Frau. Ich bin still oder laut. Ich bin lustig oder traurig. Ich bin schön oder hässlich. Ich bin Täter oder Opfer. Ich bin im Himmel oder in der Hölle. Ich bin keine Mitte.

Doch ich bin ICH.

Ich bin Schöpfer und Geschöpf. Diese Brücke birgt mein Geheimnis. Ich kann darüber gehen und vielleicht eines Tages in der Mitte stehenbleiben.

30. SCHANDE

Okay an alle, die das nun freiwillig lesen. Ich sage gleich: besser nicht! Ich entschuldige mich vorab (eigentlich nicht), denn es gibt natürlich die Ausnahmen. Ja, Pareto gilt auch hier. Nun:

Ich möchte kurz erzählen, warum ich Dates scheue. Ich bin ein Mensch, dem kaum etwas heilig ist ausser Zeit. Zeit hat eine große Bedeutung für mich - vielleicht, weil ich immer zuwenig davon hatte. Zeitverschwendung halte ich für ein Verbrechen an sich selber. Ich verbringe meine Zeit mit Dingen, die für mich wichtig sind, vielleicht für andere nicht und umgekehrt.

Als ich alle Krisen überwunden hatte, frönte ich dem heiteren Dating. Entdeckte binnen kurzer Zeit einen gewissen Algorithmus, der mich langweilte. In meinem Kopf entstand: „So, wann kommt das nächste Keyword, so jetzt 10 Minuten noch, dann das nächste..“ Schnarch! Ich gewöhnte mir nun an zu sagen: „Du, super ... können wir diese Textbausteine überspringen? Was willst du?" Später dann: „Hey, ich lasse das Geplänkel vollkommen aus und komme danach!" Ja! Das ist gelebter Minimalismus und gewiss auch asoziales Verhalten.

Schande über mich! Unfair, Schande!

Ich bin so!

SCHANDE!

Kennt ihr den Film „Malavita"? De Niro spielt einen Mafioso und muss unauffällig in einer Kleinstadt untertauchen. Er tarnt sich als Schriftsteller. Bei einer Grillparty dann, erklären ihm die männlichen Nachbarn, wie man richtig grillt. Er lächelt, aber in seinem Kopf grillt er die Gesichter der Nachbarn. Gut, dieses Beispiel ist echt krass! Weiss jetzt gar nicht, warum mir das nun in den Sinn gekommen ist. Vielleicht deshalb:

Ich war gelegentlich in der Situation. Bar, Restaurant oder so. Es wird geplaudert. Dann stoppt irgendwann alles um mich herum wie in einem Film. Die Buchstaben fliegen an mir vorbei - ich habe kurze Haare und da bleiben sie daher auch nicht hängen. Alles verschwimmt und ich bin die einzige, die sich bewegt. Ich stoppe den Film meist im Augenblick, wo sich die Blicke treffen.

Ja und dann WÜRDE ich gerne Dinge sagen wie:
„Du hast recht, aber ich habe gerade einen eingewachsenen Zehennagel, dem ich mich nun widmen möchte. Mein Hund hat Durchfall oder Trump braucht meinen Rat. Ich glaube, mein Kind hat mich doch mit Läusen angesteckt. Habe ich eigentlich noch

Haferflocken zuhause? Ich sollte meinen Kleiderschrank jetzt ausmisten. Und wie geht eigentlich diese Serie weiter, die ich gestern begonnen habe? Ach, und morgen laufe ich 5 Minuten länger. Mist! Mir fallen gerade die falschen Wimpern runter - huch, ich hab ja keine!"

Mit Lügen (und hinterm Rücken reden), habe ich es nicht so und sage daher: „Danke. Ich gehe jetzt!" Ich sitze lieber schweigend und beobachte die Bienen am Lavendel, bin dankbar für Menschen, die all diese Floskeln auslassen und sich wirklich für meine etwas seltsamen Verhaltensweisen interessieren. Diese Menschen gibt es!

Diese Verbindungen sind mir dann heilig. Ich hege und pflege sie, so gut ich kann und sind im Herzen ehrlich!

Ansonsten wie gesagt: „Ich komm' dann nach!"

31. WERT

ICH BIN WERTVOLL! Wertvoller als jeder Diamant. Mit Geld aufwiegen? Ich bin doch keine Ware oder doch in dieser Welt? Kann man mich in die Waagschale legen gegen Arbeitskraft, Geld und Leistung? Wir sind doch keine Tauschobjekte! Haben wir das vergessen?

Wir sind Menschen mit Seele!
Ich bin wertvoll!

MEIN wertvoll. Ich bin weder perfekt, noch reich, habe keinen Einfluss oder Macht. Karriere ist kein Ziel. Meinen Wert dadurch erhöhen? Auch nicht. Ich bin nicht jung, stark, aufstrebend. Im Gegenteil: Mein Bauch wird größer, die Falten mehr, die Faulheit siegt immer öfter. Ich weine ohne Auslöser, ich ernähre mich teils elend, ich kränke mich über Gesagtes, ich bin ganz oft ganz schwach. Ach ja und ich habe Freude. Ganz etwas Verpöntes. Ich steh' dazu! Ich lache viel. Ich weine viel. Ich liebe sogar. Ich sage dennoch:

„Ich bin wertvoll."

Ich bin es genau deshalb, weil ich selbst Wert habe. Und dazu gehört all das plus viele Schwächen, Verletzlichkeit und meine oft nicht vorhandene Scham. Ich treibe durch das Leben. Ich schäme mich für genau gar nichts oder ausgesprochen wenig.

Mag sein, dass es mutig ist, sich zu offenbaren, Dinge zu sagen, die andere vor den Kopf stoßen. Doch Mut oder Courage enthält Cor, das Herz. Das ist groß. Mein Wert liegt genau dort. Meinen Wert lasse ich nicht von Außen messen. Ich habe Mut, Mitgefühl und Verständnis für mich. Das hat weniger mit Egoismus zu tun, als zu verstehen, warum ich überhaupt BIN.

Wer seinen Wert erkennt, ist wertvoll. Wertvoll heißt nicht perfekt zu sein oder gar fehlerlos. Wertvoll heißt, sich seines Lebens bewusst zu sein, die eigenen Werte zu kennen. Der Held in meinem eigenen Leben zu sein. Mein Leben als das zu nehmen, das ich habe. Und unter uns: überhaupt zu leben ist schon ganz schön mutig heutzutage. Wenn ich sage, ich bin mutig, kann ich beurteilen, was es heißt, dies zu sein. Ich bin verletzlich. Verletzlichkeit machte mich mutig. Nur daraus entstand meine Freude. Und ich schäme mich auch nicht mehr zu sagen, ja das Leben, die Beziehung, der Beruf sollen Freude machen. Es ist MEIN Leben und darüber bestimme ICH. Ich fülle mein Innenleben mit Freude. Davon zehre ich, wenn es mir nicht gut geht. Dafür lohnt es sich zu leben und anstelle meine Verletzlichkeit und meine Angst zu betäuben, sage ich ja zu ihr. Ich betäube gar keine Gefühle. Meine Wunden sind mehr als sichtbar. Meine Unsicherheiten werden weniger. Ich stelle sie richtig schön vor mich und sage: „So also, was machen wir?"

Sicherheit gibt es nicht. Wer zeigt mir, wie das geht? Ich bekomme ja die Gefahren frei Haus geliefert. Überall stehen sie. Gemacht, gewollt und tief verankert.

Einst kam ich auf diese Welt als wertvolles kleines Wesen. Ich habe gelernt, was es heißt ICH zu sein. Ich habe gelernt zu reden. Ich habe gelernt, dass ich in dieser Welt, meinen Platz finden muss. Es ist ein und dieselbe Welt für alle. Es ist bloß, die Frage, wie wir sie erleben. Jeder darf mutig sein. Jeder darf sich selbst lieben. Jeder darf aus vollem Herzen sagen: Ich bin wertvoll.

DU.ICH. ALLE.

32. ICH BIN

Eine von 7,3 Milliarden Menschen auf dieser Erde. Davon sind 45% gelb, 20% weiss, 20% braun, 15% schwarz. Es gibt 194 Staaten mit 114 Sprachen plus 1000enden Dialekten. 14 große Religionen. 80 % leben in Armut und es werden immer mehr.

55% sind Analphabeten.

Ich gehöre zu den 20% der Weltbevölkerung, weil ich in Österreich lebe und dafür habe ICH gar nichts getan. Es war nicht meine Leistung. Ich habe große, sehr große Demut davor, dass ich hier sein darf in der Mitte Europas im kleinen Land Österreich und eine von 8,9 Millionen Menschen bin.

Wir haben eine österreichischen Bundesverfassung, die dauernde Neutralität, das Verbot nazistischer Tätigkeiten, den Rundfunk als öffentliche Aufgabe, die umfassende Landesverteidigung, den umfassenden Umweltschutz, die Gleichbehandlung von Behinderten, die Gleichstellung von Mann und Frau und das Recht auf Demonstrationsfreiheit. Wir dürfen, wofür auch immer auf die Straße gehen und für unser Anliegen aufstehen.

Ich habe hier in Wien jede Menge Demonstrationen erlebt, deren Inhalt ich weder verstanden, noch nachvollziehen konnte. Dennoch hat es mich zufrieden gemacht, dass sie es durften! Wir haben die schönsten Wälder, hervorragenden Wein, lustige Dialekte und bekannte Persönlichkeiten, die viel Gutes hervorgebracht haben. Die Kultur ist unser großer Besitz - die Musik und alles was dazu gehört. Acht Bauten oder Landschaften Österreichs gehören zum UNESCO-Welterbe.

Wir haben unser Wiener Schnitzel, das Backhendl, den Apfelstrudel und unsere Sachertorte, die Fiaker und das Riesenrad. Das Kaffeehaus und die Heurigen.

Wir können uns über die Donau mit dem Meer verbinden. Wenn wir hier die Zehen reinstecken, verbinden wir uns mit der ganzen Welt. Wir haben hier eine bunte Auswahl an Menschen, die nun in Österreich zuhause sind. Egal, ob sie groß, klein, alt, jung, dick, dünn, gepierct oder tätowiert sind. Ich darf sein, wie ich bin! Ich habe Tattoos und ich war gepierct und dies sagt über mich nichts aus. Aber diese Zeichen haben für mich eine unfassbare Bedeutung. Mein letztes war ein großer schwarzer Ring für meine verstorbene Mutter. Es hat 3 Stunden gedauert, ich habe geweint und hatte zwei Tage Fieber bekommen. Ich trage es voller Stolz und in tiefster Erinnerung an sie. Ja, ich bin ein auch einwenig ein Hofnarr!

Ich darf eine Frau oder einen Mann lieben oder auch beide. Ich darf ein Tuch tragen oder meine blonden Haare. Ich bleibe immer die, die ich bin.

Ich bin ein verträumtes Wesen mit seltsamen Ansichten und Gedanken. Ich füge mich nicht den Moral- und „So gehört es sich"-Meinungen. Ich versuche respektvoll, weltoffen, tolerant und leise zu sein. Ich „störe", weil ich zum nachdenken bewegen möchte. Ich möchte für meine Anschauungen weder beleidigt, noch verachtet werden.

Aber manchmal schreie ich, wenn es genug ist!

Meine Lebenszeit ist knapp - wie die von uns allen. Ich will lieben, ehren und das erhalten, was wir alle brauchen:

Die Fürsorge, die Achtsamkeit und die Ehrlichkeit!

33. SO FÜHLE ICH MICH

Wer kennt ihn nicht den grandiosen Joker Heath Ledger. Gestorben während seiner besten Rolle. Gespalten wie seine Rolle, wie seine eigene Persönlichkeit. Gespalten wie wir alle. Von ihm stammen die wunderbaren Sätze:

„Jeder fragt, ob du Karriere machst, ob du verheiratet bist oder ein Haus besitzt. Als ob das Leben ein Einkaufszettel wäre. Niemand fragt, ob du glücklich bist."

Das fragt jemand, der den Oscar bekam - nach seinem Tod wohlgemerkt. Kein Zweifel, dass er Karriere gemacht hat. Kein Zweifel, dass er der Inbegriff von erfolgreich und talentiert war und doch zutiefst unglücklich, in dem, was er tat. Das fragt jemand, der das Leben, so wie wir es heute kennen, nicht kannte. Ja, das fragt jemand, der sein Leben nicht als Einkaufszettel sehen wollte? Er wollte bloß gefragt werden, ob er glücklich ist?

Und die Frage mit Nein beantwortet hat- nicht hätte! Und mehr denn je fragen wir uns, sind wir glücklich? Ist Glück messbar, ist Glück eine Ware? Wachen wir gerade entsetzt auf und stellen fest, wir waren nicht glücklich, sind nicht glücklich und wünschen uns nichts mehr als das? Dass wir uns Glück gekauft und erarbeitet haben und nun all dieser Besitz und dieser Job nicht für unser Glück zuständig ist? Dass wir da etwas mächtig verwechselt haben? Dass wir einzig und und allein für unser Glück zuständig sind und nicht die anderen Menschen oder Dinge?

Die anderen, ja die mögen oft für unser Unglück zuständig sein, das ja, aber nicht für unser Glück. Glück ist ein ganz persönliches, intimes Zugeständnis an uns selber. Manche schlafen, lesen, schreiben, reden, spazieren, küssen, schweigen, hören und machen Musik .. für sie ist das pures Glück, während es für andere nichts ist, wertlos und verwerflich, langweilig und nutzlos.

Wenn ich mir überlege, welche 10 Dinge, die ich mir je gekauft und erarbeitet habe, die teuersten waren und welche 10 Dinge für mich die wertvollsten, wie besondere Momente, dann habe ich festgestellt, dass diese Listen keinerlei Übereinstimmung haben. Dennoch beeinflusst die erste Liste mein Leben so stark und macht Sorgen.

Ich habe von diesen scheinbar wertvollen Dingen soviel Glück erwartet. Ein Haus mag mir Sicherheit geben, aber kein Glück. Vielleicht auch die Erkenntnis, dass der Job doch nicht Glück erzeugt und man nun Richtung wechseln muss für das eigene Glück. Nein, meine persönlichen Glücksmomente kann ich nicht in die Hand nehmen, ich kann sie nur spüren. Ich kann sie aufschreiben, ich kann sie in meiner Erinnerung behalten, ich kann sie nie wiederholen. Glück ist einmalig.

Ich sehe ja meine Gefühle mehr als Gäste - will sagen: Ich BIN nicht glücklich oder unglücklich, sondern dieses Gefühl Glück und Unglück ist ein Besucher, der kommt, bleibt und wieder geht. Ich aber bleibe immer der, der ich bin.

Sogesehen ist die Frage, ob man glücklich ist, eine Frage des Augenblicks und genau das macht das Glück aus. Die Frage ist:
Bin ich bereit für diesen Besucher?

34. SPIEGLEIN

Spieglein an der Wand,...

Geschichten gibt es. Unzählige. All diese Erlebnisse aus der Vergangenheit. Oder diese Träume für die eigene Zukunft. Das einzige, was allerdings JETZT ist, ist das WIR.

Ich meine allerdings nicht das: Wir sind unser Job, unsere Kleidung, unser Haus, unser Auto, die roten Lippen, das Geld, Reisen, den Status und der durchscheinende BH. Ich meine die Seele gut verpackt in einer Hülle. Wie auch immer diese Hülle ist: schön, hässlich, dick, dünn, groß, klein, alt, jung...

WHO CARES?

All diese Äusserlichkeiten, all diese Geschichten haben Spuren hinterlassen. Geprägt. Narben erzeugt und Schmerzen. Ängste und Erwartungen. Nicht nur, weil sie jemand erzeugt hat, sondern weil man es zuließ, verletzt, verändert, geprägt und geformt zu werden als eine Reaktion von außen. Wie eine einseitige Münze. Die andere Seite sind WIR. Sich selber im Spiegel zu betrachten ist ein oft schmerzvoller Anblick. Noch tiefer zu blicken, oft unerträglich. Doch. Mut und diese Reise auf sich zu nehmen, bringt auch wundervolle Sichtweisen. Noch mehr Mut braucht es davon zu erzählen.

Mutige Menschen, die erzählen, wer sie wirklich sind. Nicht versteckt hinter einer Geschichte, sondern den Blick auf das ICH zulassen. Zu zeigen, woran man glaubt, was einen treibt, was einen hemmt, was man liebt und was man verachtet. Für meine Offenheit hab ich viel Verachtung geerntet. Also aufgepasst. Freunde macht man sich keine, sondern eher den Schmäh- und Schanderuf. Ja, die Offenheit mag peinlich sein oder mag den Stolz beschmutzen. Über sich selbst zu schreiben, hat was von Eigenliebe, Narzissmus und Abgehobenheit. Attribute, die man lieber im Dunklen, versteckt und heimlich pflegt.

Ich habe mir Gegen-Sätze zu Glaubenssätzen geschaffen:

„Tu' all das, was man aus Stolz nicht tut!"
„Tu' all das, was man aus Peinlichkeit nicht tut!"
„und wenn du es tust, dann halte die Folgen aus und wachse damit."

Unmaskiert. Frei. Ehrlich. Verletzlich. Es hat etwas von Offenbarung gepaart mit Freiheit. Es zeigt, wir sind bloß Menschen. Voller Fehler, seltsamer Glaubenssätze, Schwächen, aber auch jeder Menge Stärken. Frei zu sein, hat auch viel mit Widerstand zu tun. Ich widerstehe, so viel ich kann, dem Außen. Und wenn ich sage: das Wunderwerk Mensch. Dann ist es genau das, was uns besonders macht.

Der Blick nach innen hat die Erkenntnis, dass unsere Beweggründe oft niederer Natur sind - ich nenn' es mal Futterneid und doch tragen wir das Geheimnis der Vollkommenheit in uns. Erst wenn ich mich wirklich erkenne, kann ich mich weiter bewegen. Wohin auch immer. Ich erkannte mich über das Schreiben. Manchmal tat es mir weh. Manchmal war es unbändiger Stolz. Was auch immer sichtbar wurde, war in jedem Fall schon da. Tief verborgen oder an der Oberfläche. Wir sind so viel mehr, als es der erste Blick verrät. Unendlich mehr.

Und so setze ich fort mit dem Zitat in leicht veränderter Form:
„... wer bin ICH in meinem weiten Land?"

35. TAUSEND ROSEN

Die Urlaube mit meiner Freundin sind immer herrlich. Unaufgeregt, gut nicht ganz aber anders aufregend. Wir sind wie ein altes Ehepaar, jeder hat seine Aufgaben, wir ignorieren unsere Unarten und die anderen halten uns für ein so süüüssses Pärchen. Bei unseren Spaziergängen hören wir: „Moi, wie alt ist denn EUER Hund?" Ich höre aber: „Wer ist der Mann von euch beiden?" „Ich!" antworte ich streng.

Seit einer Woche bin ich wieder zurück, ich erinnere mich gerne: Hund-Wiese-Kuhfladen! Für ihn ist das wie 18-jährige bei Douglas. Zuerst eine Kostprobe links, dann rechts, neue Duftnote in die Ellbeuge. Binnen 10 Minuten überall und ein Gestank zum wegrennen. Ich sagte zu meiner Freundin: „Schaaatz, ich flute kurz den Hund im See, dann kochen wir die Marillenmarmelade!" Sie säuselte: „shfgcggv". Ich meinte ein Ja zu hören.
Rückkehr! Türe offen, eine Rauchschwade aus der Küche, Marmelade überall und sie verzweifelt mittendrin. Ich liebe diese Momente.

Sie haben so etwas Verbindendes!

Sie kümmert sich, sie verwöhnt, sie hört mir zu. Sie macht Frühstück, liebevoll, nicht wie ich. Käse im Plastik auf den Tisch, Semmel im Sackerl. Nein, bei ihr ist alles so schön hergerichtet, dass ich es kaum wage, zuzugreifen. Wir bröseln vor uns hin und können schweigen, denn wir lieben beide die Stille.
Sie steht morgens auf und braucht etwa eine Stunde, um von 0 auf 10 Prozent zu kommen. Das ist sie und ich mag sie sehr. Sie ist die Art

Freundin zu der ich sagen kann: „Du, ich muss was in der Donau versenken!" und sie antwortet: „Wann?" und nicht „Wen?"

Im Urlaub dann starteten wir unsere Gespräche oft mit: „Was macht es mit dir, wenn.." So schlug ich nach dem Küchendrama vor: „Was macht es mit dir, wenn man überall kleben bleibt?" Unfassbar, wo einen Marmelade hinbringen kann. Es gibt ja viele Sachen, die ich mir anschauen möchte und mit meinem Therapeuten besprechen will.
Huch, ich habe ja keinen.
Nicht mehr jedenfalls. Die Therapeutin einst erklärte mir nach 10 Sitzungen: „Hey, es ist alles gut mit Ihnen. Wir sind fertig!" Ich bin nicht überzeugt, ob sie ihren Beruf nach mir noch fortführen wollte. Ich glaube eher, sie konnte meine Geschichten nicht mehr ertragen. Meine Freundin vermutlich auch nicht mehr, aber der grosse Unterschied ist: sie gibt es nicht zu!
Sie beendet meine Fragestunde meist mit: „Machstas mit oder lasstas sein?" Autsch! Wir saßen auf unsrer Terrasse mit 60 cm Breite allmorgendlich mit Kaffee zusammen. Und abends mit Wein. Das Gespräch startete mit: „Was macht es mit dir, wenn.." Einmal ich, einmal sie. Und wir verloren uns. Sie aber kann es mir so erklären, dass ich es nehmen kann. Da bin ich oft zu hart, zu direkt und zu ungeduldig mit ihr. Ich bin eher gesagt-getan. Sie gesagt Zeit-Zeit-getan. Das respektiere ich, auch wenn es nicht einfach ist.

Sie ist für das Feine und ich für das Grobe. Ich beschütze sie und gebe ihr das Gefühl: „Mit mir an deiner Seite, wird dir nie etwas passieren!"
Hatte ich erwähnt, dass sie mein Leben gerettet hat?
Falls nicht: das hat sie!

36. AUTOPILOT

Als Kind werden wir tagaus tagein angetrieben, Handlungen zu verändern. Unsere Eltern nerven uns von Tag 1. Sie bestimmen, wann wir schlafen, wann wir aufstehen. Nichts - so empfinden wir - dürfen wir selbst entscheiden.

Wir lernen, richtig zu essen, uns weiterzubilden, uns gut zu benehmen. Jeder Tag verlangt von uns neues - als Kind. Eltern locken oder manchmal auch treiben uns aus dieser wunderbaren Komfortzone heraus, um „weiterzukommen".

„Leg' doch endlich mal die Konsole zu Seite und geh' raus an die frische Luft, Blabla..."

Mit unsrer „Volljährigkeit und Unabhängigkeit" dann, Ende der Ansage! Endlich, endlich können wir es uns richtig gemütlich machen. Keiner, der uns mehr treibt und uns belästigt. Wir werden es auch nicht selber machen, denn Veränderung sind schrecklich unangenehm. Unser Gehirn auf Autopilot - manchmal auch gut so. Ich kenne keinen Menschen, der zu sich sagt: „Wow, heute habe ich richtig Lust auf meine Diät." oder „Heute beginne ich mit meinem täglichen Sportprogramm und dafür muss ich 30 Minuten früher aufstehen, juhu."

Es bedeutet immer Überwindung. Da steht keiner, der uns antreibt. Da stehen nur wir. Und bitte es macht ja nur Spass, jemand anderen zu quälen, nicht uns selber. Wer kennt es nicht: „Eines Tages werde ich,..." In den wenigsten Fällen sind diese Visionen, eine bahnbrechende technische Erfindung, sondern eher in der Qualität, sich einen kleinen Traum zu erfüllen. Noch dazu einen Traum, der bereits von anderen erfolgreich oder manchmal auch erfolglos gelebt wurde. Sprich', es gibt, Blogs, Bücher, Videos darüber. Alle Anleitungen dafür sind verfügbar.

Wir können ja quasi nichts falsch machen, wir müssen sie ja bloss befolgen. Und was tun wir? Wir lesen sie - vielleicht - wir schauen uns die Videos an - vielleicht.

Aber tun? Nein, da beginnt es mühsam zu werden und so wie es jetzt ist, ist es für uns bequem und das, was wir tun, kennen wir. Ich behaupte, dass unsere Gefühle uns perfekt belügen. Es geht nicht darum, wie wir uns bei bestimmten Dingen FÜHLEN, wenn wir sie tun, es geht darum, ob wir sie WOLLEN. Das Gefühl wird immer nein sagen. Unser Gehirn gibt uns das Signal: „Achtung, du bist auf der sicheren Seite, bleib' da!" Die schwere Übung ist, dieser klebrigen Masse klarzumachen, dass in dem Plan und im Tun, auch eine Perle sein kann, die wir bloss jetzt noch nicht kennen.

Ich habe mich ja selber ins Unbekannte geschickt, um diese Erfahrung zu machen und täglich warnen mich meine Gefühle vor den Gefahren. Einmal gewinnen sie, einmal verlieren sie. Ich probiere laufend neue Dinge aus und manche erkläre ich für unnötig, manche für wertvoll. Manchmal schwächle ich und bemitleide ich mich selber, manchmal bin ich furchtbar stolz, es ausprobiert zu haben. Manche fallen mir leicht, manche tun weh. Eines haben sie aber alle gemeinsam: Ich spüre mich so intensiv wie noch nie - mein armes Gehirn!

Den Autopilot übrigens benutze ich, wenn ich schlafe und im Urlaub - sicherheitshalber!

37. WUNSCHKONZERT

Also gut. Heute groß angesagte Sternschnuppennacht. Ich, selbstverständlich werde mich bestens darauf vorbereiten, recherchiere mal intensiv, was mich heute erwartet. Ich bin ja eher der Planer. 18 Sternschnuppen pro Stunde! Das heißt bei einer Aufenthaltsdauer von 30 min NEUN Wünsche frei. Sehr gut. Noch ist es hell und ich kann mir meine Wünsche in Ruhe überlegen - ich will keinen Stress bekommen.

Ich stelle mir vor, da schießt eine Schnuppe und ich weiß nicht, was ich mir wünschen soll und kaum bin ich fertig, kommt schon die Nächste. Nein, ich werde meine Wünsche exakt vorbereiten. Das ist DIE Chance!

Also Wunsch 1 : Ich möchte ans Meer oder besser gesagt, dass Meer soll zu mir. Ich werde mir mal einwenig Meeresrauschen in die Musikboxen mischen und ein kleines Gefäß mit Salzwasser bereitstellen und meine Zehen hineinstecken. Soll ja keiner sagen, ich wäre verrückt. Ich will dem Universum bloß klarmachen, dass ich es mit meinem Wunsch verdammt ernst meine.

Wunsch 2: Ich möchte mal wieder nach NY, aber ohne diese ganze Fliegerei und so. Gut, ich backe einen NY Cheesecake, um hier in jedem Fall auf der sicheren Seite zu sein. Herrlich ist er und eigentlich ist mir nach einem Stück schon ziemlich schlecht, aber gut - das war ja erst die Generalprobe.

Wunsch 3: ein Mann wäre jetzt auch nett, aber dann sitze ich mit meinen Füßen im Salzwasser und dem Kuchen in der Hand und muss mich erklären - also lasse ich das lieber.

Wunsch 4: meine innere Mitte: dafür brauch ich jetzt flott meine Yogifreundin. Gut - wir verabreden uns auf einer Wiese. Sie bringt einen Radler und wir knabbern Karotten dazu - die Mitte war dann eher Müdigkeit und Entspannung. Mitte gefunden für heute.

Wunsch 5: immerwährende Sauberkeit in meiner Wohnung. Ich sauge schon mal schnell eine Tonne Tierhaare weg, um dem Universum mitzuteilen, dass es genauso aussehen soll und zwar immer und für immer.

Wunsch 6: Stille - gut in diesem Moment sieht es ja recht ruhig aus und sogesehen, kann ich diesen Punkt kurz als erledigt zur Seite legen.

Wunsch 7: meinen Schweinehund wieder in die Ecke verweisen. Ich bestelle mir neue Sportschuhe - sind fesch: also ab mit dir Schweinehund. Kann ich eine Schnuppe einsparen.

Wunsch 8: Glück. Naja im Großen und Ganzen kann ich eigentlich nicht behaupten unglücklich zu sein, aber schaden kann es ja nicht. Ich plane ja heute für meine Zukunft. Obwohl ich kann mein Glück ja nicht geniessen, wenn nicht ab und zu das Unglück vorbeischaut.

Wunsch 9: einen guten Film in Ruhe ansehen: „Die fabelhafte Welt der Amélie" wäre mein Wunsch. Dafür brauche ich nun keine Schnuppe oder doch? Ich habe nämlich mein Passwort für Netflix vergessen. Also gut, dann wünsche ich mir eben ein neues Passwort. Kann ich eigentlich auch selber wechseln.

Ich lese schnell noch den Inhalt des Films: „Amélie hat den Kopf in den Wolken. Aber dennoch steht sie mit beiden Beinen auf der Erde."

Ich kann sie verstehen. Ich schau' jetzt Film.

38. BIN ICH VERRÜCKT?

Alle dachten, ich wäre verrückt. Auch diejenigen, die mich ermutigten, meinen Job zu kündigen. „Du hast so einen guten Job, verdienst gutes Geld, dein Arbeitsplatz ist um die Ecke, es lässt sich mit deinem Lebensstil wunderbar vereinbaren and so on...", dachten sie. Sagten aber: „Mach' das, wenn du es für richtig hältst."

Sie dachten, ich wäre verrückt, als ich sagte, ich würde einfach gerne schreiben, einfach leben, mir einen Hund zulegen, raus in die Natur. All die Dinge, die ich nie gemacht hatte, aber irgendwie in so einer sentimentalen Fantasie vorhanden waren. Sie dachten, ich wäre verrückt, als ich aufgehört habe, Fleisch zu essen und begonnen habe, meine gesamte Wohnung auszumisten und den Großteil zu verschenken.

Sie dachten, ich wäre verrückt, als ich mir nichts mehr kaufen wollte. Keine Kleidung ausser ich brauchte unbedingt etwas. „Sie macht dass, weil sie sparen muss." Ich sage euch: „Nein, ich mache es, weil ich es NICHT brauche." Und WAS? Du benutzt kein Facebook oder Instagram mehr? Du spinnst, ja."

Aber moment mal. Was ist, wenn mit euch etwas nicht stimmt? Vielleicht bin ich verrückt. Gut, das war ich immer irgendwie. Wenn es verrückt ist, ein Leben voller Leidenschaft und Freiheit zu führen, dann bin ich absolut verrückt und wie ihr so gerne sagt, unvernünftig. Aber ich frage euch, macht euch das vernünftige Leben Spass?

Ich spüre eure Gedanken: „Eigentlich würde ich auch gerne meinen seltsamen Job aufgeben und meiner Leidenschaften nachgehen. Eigentlich würde ich auch gerne den Stress loswerden und meine Zeit zurückfordern und ein Leben in bewusster Freiheit führen. Eigentlich, eigentlich,..." und wieso tut ihr es nicht?

Ahja! Da ist ja die Sache mit dem Geld. Wir brauchen ja all den Müll, mit dem wir uns ständig umgeben und dafür müssen wir ja hart arbeiten. Für das große Auto, das große Haus, die teuren Urlaube, bei denen wir uns erholen von dem mühsamen Alltag. Also wirklich, wir haben uns schon für ein seltsames Leben entschieden. Wir machen Urlaub vom Leben.

Meine Freundin sagte einst: „Du kannst zu jeder Minute, in eine andere Richtung gehen, ausser du sitzt im Gefängnis. Kraft, Mut und den Willen brauchst du. Klingt einfach und ich sage: „Es ist einfach!" Ich bin verrückt? Ich lebe jetzt ein sinnvolleres Leben. Ich verfolge meine Leidenschaften. Ich bin freier und leidenschaftlicher als zuvor. Aber lehnt euch zurück und tut lieber nichts. Bleibt einfach so, wie ihr seid, zufrieden in dem riesigen Pool der Mittelmäßigkeit. Vor nicht allzu langer Zeit war ich wie ihr. Dann habe ich drei Dinge getan, um mein Leben zu verändern: Ich traf die Entscheidung, mein Leben zu ändern. Ich habe diese Entscheidung zu einem ICH-MUSS anstatt zu einem ICH-SOLL gemacht und dann habe ich gehandelt.

Ich sage nicht, dass es einfach ist, und manchmal habe ich Angst vor mir. Es ist dennoch so viel besser. Keiner MUSS sich ändern, denn dann lebt er ja ohnedies so, wie er es sich gewünscht hat oder etwa nicht?

39. ICH BIN EIN VERBRECHER!

Ich habe einen Hund. Wahnsinn, ja! Keine Ahnung, ob das so eine gute Idee war, aber ich liebe ihn abgöttisch - meinen Guru. Nun, das ist noch kein Verbrechen.

Eher, ein Verbrechen an mir, dass ich jeden Morgen um 7 Uhr auf der Strasse anzutreffen bin und zwar meist nicht in Topform - eher so Pyjama (ziehe ich extra für die Gassi-Runde an) und Jacke darüber. So trotten wir durch die Gassen, begutachten jeden Strauch und ich versuche mich, ganz auf ihn zu konzentrieren. Meine Hundetrainerin meinte, dass wäre gut für unsere Verbindung. Na gut, ich verbinde mich halt mit seinem Schnüffeln. Hat ja etwas sehr beruhigendes an sich und vielleicht kann ich noch etwas lernen von ihm.

Ich wundere mich, was Menschen so alles wegwerfen: Dosen, Flaschen, Zeitungen, Unterwäsche, Schuhe, Pistolen,.. Ähmmm, Moment, da liegt echt eine Waffe? Also nicht, dass ich den Umgang damit ansonsten beherrsche, aber um 7 Uhr brauche ich das eigentlich gar nicht.

Ich rufe die Polizei. Wer weiss, vielleicht mutiere ich doch noch zur Heldin und kann ein ewig gehütetes Verbrechen lösen. Also Anruf: Bekanntgabe der exakten Adresse und ich soll mich nicht von der

Stelle rühren. Tue ich trotzdem, aus Prinzip. Ich mag es grundsätzlich nicht, wenn man mir vorschreibt, was ich tun soll. Ich muss mich bewegen und der Hund auch. Polizei ruft zurück. Sie finden die Waffe nicht. Ich sehe die Polizisten. Kein Wunder, sie stehen ja auf der falschen Seite. Ich helfe unserem Freund und Helfer und weise ihm den Weg.

3 Polizisten, die in Summe so alt sind wie ich und mein Hund gemeinsam (Anm. er war damals 1 Jahr alt), nehmen die Pistole in Augenschein - eh klar, dass es sich nur um eine Attrappe handelt. Na, ganz toll! Leises Gekicher der drei Polizisten. Sie wollen von mir einen Ausweis und kommen näher. Mein Hund mag das gar nicht und zeigt sich von seiner mäßig süßen Seite.

Ich: „Ich kann Ihnen ein Leckerli, einen Wohnungsschlüssel und ein Sackerl anbieten, Ausweis leider nein." Die Junginspektorin waltet nun ihres Amtes und verwarnt mich - nicht wegen des Pyjamas (dafür hätte ich größtes Verständnis gehabt) Ich verkneife, mir die Frage, ob sie mich wegen des fehlenden Ausweises, der frechen Antwort oder wegen des Pyjamas abmahnt.

Ich könnte jetzt schreiben, dass ich festgenommen worden bin und aus der Zelle, diesen Hilfeschrei absetze, aber das wäre gelogen. Ich durfte nach Hause und der Hund auch. Frau Oberinspektor (ja, sie wurde während der Amtshandlung befördert) erzählte noch etwas von: „Sie müssen IMMER einen Ausweis mit sich führen." Aber diese Information hat es nicht wirklich zu mir geschafft.

Heute morgen habe ich einen Panzer im Strauch gefunden. Es war bestimmt wieder nur eine Attrappe. Ich habe sicherheitshalber nicht die Polizei gerufen, denn ich hatte weder Sackerl, noch Leckerli mit und mein Pyjama war so richtig hässlich. Das Risiko gehe ich nicht noch einmal ein.

(und ja das mit dem Panzer war eine Lüge, sorry)

40. GESPRÄCHE MIT MIR

Mir fällt immer öfter auf, dass ich intensive Gespräche mit mir führe. Nicht in der Art „im Kreis drehen", sondern es ist ein richtiges hin und her. Also ich mag ja keine Grübeleien. Von dieser Art bin ich in meinem Freundeskreis geradezu überschwemmt. Ich frage dann immer: „Kommst du mit dem Grübeln zu irgendeinem Ergebnis oder bist du in der Dauerschleife?" Die Frage stört meistens einwenig, weil sie dann nicht mehr wissen, wo der Anfang oder das Ende ist.

Ich bin eher so der Typ - Diskussion. Und wenn ich es bildlich vor mir sehe, dann sitzen da nicht ein Teufel und ein Engel, sondern eher zwei Teufel auf meinen Schultern. Sie feuern sich gegenseitig an oder streiten lauthals. Und ich? Ich stehe in der Mitte und höre zu, worüber sie sprechen. Ab und zu mische ich mich ein, aber das mögen sie gar nicht. Dann sagen sie: „Lass' uns mal reden, wir wissen es besser als du - wir sind immerhin zu zweit." Die zwei Männchen (ja, es sind keine Weibchen aus irgendeinem Grund) reden und reden und manchmal öffnet sich mein Mund und ich sage laut, worüber sie reden. Das ist echt beängstigend. Ich schaue mich dann verstohlen um, ob das eh niemand gehört hat.

Während ich diesen Text schreibe, sagen sie mir gerade jedes Wort an, also praktisch gesehen, habe ich zwei Ghostwriter im Kopf. Ich mag sie. Sie sind sich gelegentlich sehr einig und motivieren mich, bei meinem Tun, manchmal schimpfen sie (also wirklich tief und ich bin echt glücklich darüber, dass diese Worte nicht hörbar sind), aber am schönsten ist es, wenn sie miteinander über ein Thema reden und sich absolut uneinig sind. Da wirft der eine dieses und jenes Argument ein. Der andere (ist eher die Bauchstimme) verwirft es in der Sekunde. So sitze ich oder gehe ich - vorallem wenn ich durch den Wald mit meinem Hund ziehe - und höre ihnen gut zu. Und wenn die Stimmen verstummen, frage ich sie, wie sie sich nun entschieden haben und das tue ich dann.

Ich vertraue darauf, dass sie richtig für mich entscheiden, denn mein Glück und meine Zufriedenheit ist ja ganz eng mit ihrem verbunden. Wenn sie falsch entscheiden, dann habe nicht nur ich ein Problem, sondern sie auch.

Gelegentlich passiert es mir, dass ich im Gespräch mit Freunden, nachdenken muss, ob wir dieses oder jenes Thema nicht ohnedies schon besprochen haben. Dann fällt mir aber ein, dass ich es nur mit meinen zwei da oben besprochen habe, besser gesagt SIE haben es besprochen.

Ich liebe die beiden. Ich wünsche jedem Menschen diese zwei Berater. Also nächstes Mal, wenn die Stimmen im Kopf zu reden anfangen, lasst sie reden und hört gut zu. Von ihnen kann man so viel lernen, denn niemand kennt dich besser. Unterbrecht sie nur, wenn sie im Kreis reden. Das führt zu nichts, wie bei einer realen

Diskussion. Eine solche verlasse ich sofort, da sie mir meine Zeit stiehlt und ich ganz schwindlig davon werde.

Ab und zu ist es ganz still. Entweder schlafen sie oder sind auf Urlaub - auch gut!

41. HÄTTE, WÄRE, WÜRDE

Meine Mutter war eine unendlich belesene Frau. Also eigentlich kannte ich sie fast nur lesend. Ab und zu hat sie mal aufgesehen von ihrem Buch und sah mich fast fragend an: „Wer bist du denn?" Okay, ich übertreibe, aber gelegentlich fühlte ich mich so. Gut, ich bin vom Thema abgekommen.

Meine Mutter also war fasziniert von der Sprache. Sie war Lehrerin in Englisch, Psychologie und Philosophie - eine fatale Kombination für mich als Tochter. Ich war ein offenes Buch für sie und ihr Experimentierfeld. Eigentlich war sie gelernte Dolmetscherin, aber mit Kindern ein zu komplizierter Beruf. Sie begann mit 70 Jahren ein weiteres Sprachstudium und absolvierte es kurz vor ihrem Tod. Wieder abgekommen vom Thema.

Also meine Mutter sagte mal: „Der Konjunktiv ist ja wohl das Unnötigste unserer Sprache". Ich: „Ähm, Räusper, ja-nein, keine Ahnung. Ist das was zum Essen?" Ich war noch jung und die Sprache eher praktisch als überlegt. Seit diesem Satz war der Konjunktiv in unserer Familie unten durch. Wir sprachen quasi nur mehr ohne diesen. Kein: hätte, wäre, würde, ... ich habe es damals nicht verstanden. Wenn jemand ihn verwendete, kam aus irgendeinem Teil der Wohnung:

„Und wenn meine Großmutter Radl'n hätte, wäre sie ein Klavier." Auch das hatte ich nie verstanden, erst viel viel später. Sie hat es mir auch nicht erklärt, bis ich sie fragte, was der Satz eigentlich bedeutet? Sie meinte: „Nichts! Der Satz ist sinnlos, weil WÄRE und HÄTTE, eben nicht SEIN und HABEN ist. Du kannst alles mit diesen Worten machen, aber sind bloß Annahmen."

Heute verstehe ich, was sie gemeint hat oder vielleicht interpretiere ich es heute besser. Wir reden fast pausenlos in was-wäre-wenn. Wir verpacken unsere Pläne in wunderbare Konjunktivsätze wie: „Ich würde so gerne eine Weltreise machen und ich wäre so gerne reich und schön! Ich würde ja schlank sein, wenn ich nicht so wahnsinnig viel essen würde und übrigens würde ich gerne die Welt retten!"

Man KÖNNTE fast meinen, der Konjunktiv wäre eine Verschwörung gegen uns. Naja, wenn man so aufgewachsen ist wie ich, dann ist das auch seltsam. Ich bin eher so der Typ Mensch geworden: „Ich mache das jetzt, als ich könnte das jetzt machen." Vermutlich wollte meine Mutter mich auf diese Weise mehr zu Taten als zu Möglichkeiten animieren. Sie vermied so auch vermeintliche Ausreden, die ich ja stets parat hatte.

„Ich wäre ja pünktlich zuhause gewesen, wenn nicht der Bus,....." Das gab es bei uns nicht! Ihre Antwort war: „Du bist unpünktlich und Punkt!"

Wenn wir den Konjunktiv aus unsrer Sprache entfernen, dann WÜRDE die und unsere eigene Welt nicht nur anders aussehen, sie WIRD anders sein. Ich WÜRDE dies nicht annehmen, sondern ich nehme es an. Daher: Sie war klug, die Möglichkeit aus unserer Sprache zu verbannen. Kein Platz für Konjunktiv, kein Platz für Ausreden.

In meinen Träumen aber verwende ich noch jede Menge Konjunktive. Wer weiß, ob eines Tages daraus Indikative werden.

In Liebe für meine weise Mutter.

42. MATRIX

Vor etwa 7 Jahren ist meine Welt, wie ich sie bisher kannte, zusammengebrochen. Alles war weg. Keine lange Zeit, um sich neu zu finden, sondern Plop weg. Ich hatte ein „schönes Leben": tolle Kinder, tollen Mann, tollen Job, tolle Freunde, tolle Urlaube, tolle Wohnung, alles toll. Also scheinbar war alles toll! Und dann Zusammenbruch!

Die ganzen Nächte machte ich kein Auge zu, mein Herz schlug mehr recht als schlecht. Gelegentlich fühlte ich es nicht mehr schlagen. So vergingen die Tage, Monate. Ich aß nicht mehr, ich lachte nicht mehr, ich funktionierte nur mehr und mein Herz - naja: es schlug unregelmäßig, aber es schlug. Es füllte sich mit Haß, Rache, Wut und Einsamkeit. Meine Freunde machten sich große Sorgen und richtig annehmen konnte ich nichts bis auf einen Satz: „Wie füllst du deine Matrix?" Ich: „Matrix?" Ich kannte nur den Film und ja ich mochte ihn - vor allem wegen der Special Effects.

Einige Tage später, dämmerte es mir langsam. War da nicht auch die Szene mit der roten und der blauen Pille? Schluckt Neo die blaue

Pille, kehrt er zurück in die heile Traumwelt, die die Matrix für ihn geschaffen hat. Die rote Pille hingegen wird ihm die Augen öffnen für die Welt, wie sie tatsächlich ist.

Ich hatte mich für die Blaue entschieden: Alles, was ich bisher kannte, war das Leben, das ich führte. Ich empfand es gut, weil ich alles so sehen wollte, wie es eben war. Ich hinterfragte grundsätzlich nichts, solange es mir gutging. Jetzt aber ging es mir gar nicht gut.

Es war Zeit für die rote Pille. Neues Programm! Altes raus, neues rein. Ich durfte kein Programm zulassen, das auf Selbstsucht, Rache, Schaden und blinden Egoismus aufgebaut war, sondern Zukunft, Freude, Achtsamkeit, Selbstliebe und Verzeihung läuft.

Klar, das ging nicht von heute auf morgen. Es war ein Prozess, der langsam zu laufen begann. Ich probierte, was sich gut anfühlte. Zum Beispiel schoss mir in den Kopf, blond zu werden. Ich machte dies aber nicht: „Ich bleiche mir mal schnell die Haare", sondern wurde von Woche zu Woche blonder. Niemandem fiel es auf ausser mir. Es war teilweise fast amüsant zu sehen, wie gut, meine Mitmenschen mit der Veränderung umgehen konnten, wenn ich sie sanft vollzog. Jedes Mal danach, wenn ich etwas verändern wollte, programmierte ich mein Ziel in meine Matrix. Und ließ sie langsam starten und oft, wenn es zu schnell ging, erinnerte ich mich an das Blondwerden.

Bis heute - 7 Jahre später - drehe ich meine Filme in meiner eigenen Matrix. Ich programmiere sie ausschließlich gut und positiv. Ich bin immer wieder überrascht, wie sehr Ereignisse eintreten, die ich mir selbst verschrieben habe - oft sehr zeitverzögert, aber sie kommen. Mit unendlicher Geduld, Lächeln und Fragen. Ich bin diesem Zusammenbruch so unendlich dankbar. Er hat mir soviel Chancen und Freiheiten geschenkt, die ich nicht bedacht, nicht vorstellbar waren.

Und ja, zurück zum Film: Morpheus sprach zu Neo:

„Ich kann dir nur die Tür zeigen, hindurchgehen musst du alleine."

43. SÜNDENBOCK

Also eigentlich sollte meine Geschichte ja ganz anders beginnen, aber nun habe ich doch nachgesehen, woher der Ausdruck Sündenbock kommt.

„Der Sündenbock spielte bis zur Zerstörung des Jerusalemer Tempels in der Liturgie des großen Versöhnungstages eine besondere Rolle: Er wurde, symbolisch beladen mit den Sünden des Volkes Israel, in die Wüste geschickt und diente der jährlichen Versöhnung zwischen Gott und Mensch."

Verdammt und ich dachte genau an das Gegenteil. Nichts mit Versöhnung, sondern nur Schuld, Schuld, Schuld. Nun ja, vielleicht gibt das meiner Geschichte nun eine ganz neue Wendung. Ich brauche nämlich immer einen Sündenbock. Derjenige, welche in mein Visier gerät, kommt da auch ein paar Wochen, Monate oder auch Jahre nicht raus und bleibt in dieser Rolle.

Vor ein paar Tagen ging ich mal wieder mit meiner Freundin in den Wald. Nun.. ich schimpfte wieder über meinen Sündenbock. Er ist an allem Schuld, an meiner Unzufriedenheit, an meiner Lebenssituation, an meinem Ansatz eines Bauches, an meiner Antriebslosigkeit, am Elend dieser Welt und an meinem Kratzer im Autolack und dem Verhalten des Hundes, weiters am Virus, an den vielen Schattenboxern, am Konsum, an politischen Entscheidungen, an der Gatschlacke, in der sich gerade mein Hund wälzt. Ich finde, dies immer sehr praktisch, jemand anderen verantwortlich zu machen. Damit hält man sich so herrlich unbefleckt und kann hemmungslos schimpfen.

Meine Freundin meinte: „Na, Servus, da hast dich aber wieder auf jemanden eingeschossen, aber ich kenne das eh von dir. Der kommt ja aus dem Schluckauf gar nicht mehr raus." Ja, mein Sündenbock muss sich bloß kurz räuspern und schon liegt er falsch, auch wenn er vielleicht etwas richtiges von sich gibt.

Ich finde, Sündenböcke helfen uns unglaublich gut weiter - wir sind nämlich nicht schuld, sondern die anderen. Was natürlich im Umkehrschluß bedeutet, die anderen sollen sich ändern, damit sie aus der Rolle rauskommen. Nicht ich! Superpraktisch! Bis jetzt.

Nun aber mit dem Thema Versöhnung sieht die Welt doch etwas anders aus. Vielleicht sollte ich mich versöhnen mit vielen Themen und ihnen jenen Platz zugestehen, den sie verdient haben. Nämlich nicht den Sündenbock in die Wüste zu schicken, sondern bloß die Schuld, die auf seinen Schultern lastet. Ja, das ist nicht so ganz einfach und wesentlich beschwerlicher als vorher.

Ich hätte doch Google nicht fragen sollen, da wäre das Leben doch eine Spur leichter und ich könnte mich weiter herrlich auf die anderen ausreden, warum ich es nicht tun soll und die anderen schon.

In diesem Sinne: „Mein lieber Sündenbock, verzeih' mir. Ich werde mich bessern und an mir arbeiten. Ab und zu aber gestatte mir, dich als Schuldigen zu benutzen. Aber nur mehr ab und zu und nur wenn ich absolut null Bock auf Veränderung habe."

Mein Sündenbock bis heute darf nun in Ruhe grasen.

44. LINIE

Ich sehe eine Linie. Am Ende dieser Linie steht ein Mann. Am anderen Ende eine Frau. Diese Linie ist die weiteste Entfernung, die diese 2 Pole haben können. Dennoch: sie stehen auf der gleichen Ebene, auf einer Linie.

Die größtmögliche Spannung entsteht, wenn sie am äußeren Ende stehen. Wenn ganz klar definiert ist: Mann - Frau. Dies erzeugt Spannung und Anziehung gleichzeitig. Darin liegt die Faszination der zwei Extreme. Sie sind durch eine Linie untrennbar verbunden. Je näher sie sich auf dieser Linie begegnen, umso geringer wird die Spannung und umso größer wird die Anziehung. Bei der Begegnung in der Mitte kommt es zum magischen Funkenschlag. Die Anziehung und die Spannung löst sich auf - in einem einzigen Augenblick. Die Verbundenheit erreicht ihren Höhepunkt und gleichzeitig ist es auch der Beginn der Abstoßung.

Der Reiz, die Faszination, das Mysterium wird verschwindend klein. Verbundenheit ist friedlich. Verbundenheit ist reizlos. Verbundenheit ist alles oder nichts. Die Frage ist, will ich das? Vermutlich liegt das Geheimnis zwischen Mann und Frau genau darin, dass man sich bewusst auf dieser Linie bewegen muss. Phasen der tiefen Verbundenheit, gepaart mit Phasen der Extreme. Jeder geht wieder an den äusseren Rand und lässt sich anziehen - ganz klar in dem Gefühl:

Ich bin ein Mann und du bist eine Frau. Wir sind, wer wir sind, um in jenen Augenblicken der größtmöglichen Distanz, genau DAS zu spüren. Als Frau für sich und als Mann für sich. Wenn wir aufeinander treffen, entsteht der Lichtblitz- gleich eines Glühfadens, der durchbrennt, um anschließend in der Dunkelheit und Wärme, jene Verbundenheit zu fühlen, die uns das Gefühl des "Wir sind angekommen und in der Mitte" erzeugt. Liegt vielleicht genau darin das Geheimnis einer stabilen Verbindung und des typisch Menschseins? Brauchen wir einerseits die Spannung und andererseits die Verbindung und schließt eines das andere aus? Bei Mann und Frau birgt es das Geheimnis und den Reiz. Doch am Ende birgt es auch die Gefahr des Wunsches immer diesen zu wiederholen oder etwa ein anderes Gegenüber zu finden. Genau dann, wenn die Verbindung als reizlos empfunden wird und die Sucht nach dem Reiz Abhängigkeit erzeugt. Für mich ist die Vereinigung der beiden Formen die Vollendung des Gemeinsamen.

Auf einer Linie liegt ja vieles: Kälte und Wärme, Liebe und Hass, Krieg und Frieden, Gnade und Strenge, Intelligenz und Emotion. Bei all diesen Extremen liegt die Spannung im größtmöglichen Abstand und die Verbindung in der Mitte. Die Vollendung in beiden Formen des Miteinander und dem Reiz der Extreme ihren Reiz zu nehmen.

Auf einer Linie liegt auch Materie und Geist. Auch sie sind verbunden - untrennbar vereint. Je härter etwas ist, umso weniger Geist ist enthalten. Wir sind hart geworden. Die Spannung zwischen den Extremen ist groß und in weitem Abstand. Ich kann mich nur von der Materie lösen, um mehr in die Geistigkeit gehen zu können. Die Materie macht Platz und verliert ihre Anziehung.

Denn wie ein Stein in der Landschaft herumzustehen, mag schön sein. Reizvoll ist es definitiv nicht. Nicht für mich zumindest. Ich habe den Punkt überschritten und gefühlt was es heißt, hart zu sein. Was es mir gebracht hat? Nennen wir es eine Erfahrung ohne Wiederkehr, definitiv nicht das Gefühl in der „Mitte zu sein". Es war mein Stillstand in der Evolution und vollkommene Reizüberflutung.

45. ZAUBERER

Deine Freunde, deine Familie, deine Kollegen, deine Nachbarn, deine Lieben und vorallem völlig Fremde scheinen eine unfassbare Superkraft zu haben. Sie können deine Stimmung wie von Zauberhand ändern.

Von glücklich auf unglücklich, von fröhlich zu traurig, von sicher zu unsicher, von ausgelassen zu wütend, von stolz auf gekränkt. Binnen einer Minute, einem Wimpernschlag. Es ist wirklich beeindruckend. Ein einziger Satz, ein Blick, eine Geste kann Wunder wirken und in einem Gefühle wie Angst, Wut, Verzweiflung und Traurigkeit auslösen. Es braucht keinen Zaubertrank oder Zauberstab. Das geht einfach so. Meistens geht es sogar, in dem genau gar NICHTS kommt. Selbstverständlich gelingt dies auch umgekehrt. Das ist ja das, worauf man hofft und sehnlichst wartet.

Auf den Segen!

Und weshalb das so gut funktioniert?

Weil wir die Anerkennung in die Aussenwelt ausgelagert haben. Wer ist schon zufrieden mit sich in einem leeren weißen Raum. Ohne es zu merken, klammere ich mich doch an diese Bewunderung anderer, an deren Rückmeldung. Wenn sie mich mögen, freue ich mich. Wenn sie es nicht tun, fühle ich mich leer und vergessen. Das ist allerdings Beziehungskonsum.

Die Frage ist, brauche ich diese Verehrung? Niemand hat mir je gesagt, dass ich das brauche, dennoch brauche ich es. Sogesehen liegt diese Geschichte ganz bei mir. Sie erzähle ich mir selber. Was ich mir selber erzähle, kann ich aber auch nicht mehr erzählen. Einfach so, von heute auf morgen. Sogar die Menschen, die mir am nächsten stehen – Eltern, Partner, Kinder – die mir sagen wollen, dass ich ohne ihre Anerkennung ein geringerer Mensch wäre? Niemand hat dies je zu mir gesagt, dennoch scheint es mir so wichtig. DOCH. Es ist nur eine Geschichte, die ICH MIR selbst erzähle. So schmerzvoll es mir momentan erscheint, wenn ich diese Zustimmung von jemanden brauche, dann werde ich immer den Mangel spüren, wenn er nicht erfolgt. Mein innerer Zustand wird sich immer danach sehnen.

Diese Bewertung durch andere ist so verdammt machtvoll.

Wenn ich diese Beurteilung jedoch nicht mehr benötige, erhalte ich sofort meine aufgegebene Macht zurück. Und wie mache ich das? Durch Loslassen. Das immer wiederkehrende leidige Thema des Loslassens und dafür gibt es kein anderes Rezept, als

NICHTS ZU TUN.

Ich höre bloss auf, mich daran festzuklammern, wie an einem Haltegriff. Was andere denken, was sie glauben, was sie erwarten — das sind Gitter zu einer Gefängniszelle. Um mich zu befreien, muss ich erkennen, dass diese Gitter DEREN Käfig auskleidet. Nicht meinen. Ich bin nicht in ihrem Gefängnis. Ihre Meinung ist egal. Denn niemandes Meinung zählt. Das Einzige, was zählt, ist die Wahrheit. Und die Wahrheit ist, dass ich bereits vollständig bin und bleibe, egal was sie sagen.

ICH BIN. Tatsächlich ist jeder Mensch in einem leeren Raum ganz allein vollständig. Die Bewertung kann die Wände meines Raumes schmücken, aber sie bedeutet nicht die Wahrheit für mein SEIN. Wenn ich dies einmal verstanden haben — nicht in meinem Kopf, sondern in meinem Herzen — werde ich frei sein.

Freiheit beginnt nun mal in mir und wenn ich mich genau beobachte, habe ich den größten Zauberer in mir. Jener, der mich ständig bewertet, beurteilt und von dem mein ganzes SEIN abzuhängen scheint. Er flüstert mir pausenlos zu: „Das hast du gut gemacht. Das hast du elend gemacht." Wenn es mir gelingt, ihn vor die Türe zu setzen, dann BIN ICH wirklich frei. Das mag noch eine Weile dauern, denn ihn loszulassen, der ein Teil von mir zu sein scheint, ist wohl die größte Aufgabe, der ich mich stellen muss.

Und so zitiere ich George Bernard Shaw, der einst sagte:

"Der Mensch ist das einzige Lebewesen,
das eine schlechte Meinung
von sich hat."
… und von anderen.

46. GEDANKEN SIND DINGE

Ich sitze vor meinem Computer und tippe diesen Brief. Ein Computer war einst nur ein Gedanke. Der Sessel auf dem ich sitze ebenso und der Tisch? Ebenfalls. Wie im Kleinen so im Großen. Alles und jeder ist aus einem Gedanken entstanden. Schwer vorstellbar, daher bleibe ich lieber im Kleinen.

Einst fragte mich mein Bruder: „Was war die Idee von Steve Jobs, als er den iPod erfand?" Ich stotterte herum: „Gutes Design, kleines Gerät, Musik für unterwegs, lange Laufzeit,...." Mein Bruder antwortete:

„Seine Idee war: 1000 Lieder in der Hosentasche."

Stimmt. Die Idee war geboren und die Umsetzung eine ganz andere Frage. Er hatte eine Idee. Sie wurde Realität. Ein Gedanke wurde zu einem Ding. Zu einem, das ich in der Hand halten, spüren und nutzen kann. Gedankliche Energie wurde manifestiert und ist für uns Menschen real geworden. Dennoch es ist und bleibt Energie (ein Blick ins Innere überzeugt jeden noch so starren Geist). Das, was wir sehen und ertasten können, lässt uns ja an die Macht und die Magie der Gedanken glauben. Doch, was ist mit all dem, was wir nicht sehen und gar in die Hosentasche stecken können?

Wieviele Gedanken umschwirren uns jeden Tag - ob die eigenen oder jene der anderen? Sind diese macht- und bedeutungslos? Jeder Gedanke trägt eine Kraft in sich und wirkt anziehend oder abstossend.

Wir ziehen Menschen an, die dem gleichen Gedanken folgen. Dazu braucht es keine Worte. Es ist die gleiche Wellenlänge. Wir treffen auf Menschen, deren Gedanken voller Angst, Sorge, Panik und sonstiger negativer Gedanken sind und uns auf jene Wellenlänge herabziehen, die der Ihrigen gleicht. Wir können uns dem in jenem Augenblick auch nicht entziehen. Gedanken nehmen nun mal Gestalt an. Kraftvoll aufgetankte Gedanken gleichen einer unfassbaren Kraft. Nicht messbar, doch unermesslich spürbar. Entziehen geht nur durch den bloßen Willen.

Doch das Schöne daran ist: „Gedanken sind frei" und vorallem bin ich der Baumeister meiner eigenen Gedanken. Das Material lagert in meiner eigenen Lagerhalle. Jener Halle, in der meine Erfahrungen, mein Wissen, meine Talente, mein Karma, .. liegt. Doch liegen hier auch Unmengen an Gedanken, die im Laufe der Zeit angeschwemmt wurden. Gelegentlich gleich einer Müllhalde: vorgefertigte Meinungen, aus unerfindlichen Quellen bezogene Glaubenssätze, gepaart mit mentalem Krimskrams, Neid, Gier, Eifersucht und Missgunst. Und an der Tür zu dieser Lagerhalle steht ein besonderer Wächter - die Furcht - und hält den Schlüssel fest in der Hand. Versperrt mir den Weg zum Mut oder sperrt mich ein im Müll der Vergangenheit. Die Vorstellung von Angst, Furcht, Sorge und alle dem ist uns ja über Jahre eingeprägt worden - von Kindesbeinen an und noch viel länger. Und leider: aus Furcht ist noch nie etwas Gutes entstanden.

Der Ruf: „Ich fürchte mich!" ist immer zu hören.

Doch dürfen wir nun erwachsen werden und ausmisten. Jene Lagerhalle mit klarem Bewusstsein füllen, die Tore versperrt halten vor Angstmachern und Energieräubern. Das schlammige Wasser durch frisches klares Wasser ersetzen, indem sich ALLES spiegelt und reinigen, was diese unsere Welt verdunkelt hat. Helle Gedanken, kraftvolle positive Energien, freundliche wohlwollende Augenblicke, die eigene Wahrheit und der pure Wille. Es gilt die Fenster der Halle zu öffnen, frische Luft und Sonne einfließen zu lassen. Jene Gedanken und deren Denker willkommen zu heissen und jene zu verbannen, die es vorziehen, im Finsteren auf die Erlösung zu warten. Dann können wir jenem Wächter tapfer entgegentreten und ihm den Schlüssel entreissen. Ihm, der die magischen Worte hören möchte: „Ich kann nicht und ich fürchte mich", nun ein: „Ich kann und ich will" entgegenschleudern.

Diese Gedankenwelt kann Dinge entstehen lassen, die weit über 1000 Lieder in der Hosentasche hinausgehen. Sie ist eine Welt, die jeder gestalten kann. Bewusst denken, neu denken, klar und hell denken, liebend und wohlwollend denken, gebend statt nehmend denken. Es ist das Material, aus dem mein eigenes Bauwerk ist. Dafür möchte ich keine fehlerhaften Bausteine verwenden, die man mir anbietet, auch wenn sie noch so verlockend sind.

Wir sind alle Bausteine eines großen Bauwerkes. Jeder geht seinen Weg in seinem Tempo und mit SEINER Wahrheit. Die Wahrheit findet sich jedoch nur im bewussten Denken und im eigenen Gedanken. Viele Pfade, viele Richtungen.

Doch von oben gesehen befindet sich jeder von uns auf dem großen gemeinsamen Pfad zu ein und demselben ZIEL.

und so ende ich mit Rilke:

"... Alles ist Eins
Meine Seele spürt, daß wir am Tore tasten. Und sie fragt dich im Rasten: "Hast Du mich hergeführt?" Und du lächelst darauf. So herrlich und heiter. Und bald wandern wir weiter: Tore gehn auf... Unser Weg wird kein Weh sein, wird eine lange Allee sein, aus dem vergangenen Tag.

Alles ist eins.. "

Erkennen

47. INNSAEI

Kennst du das Gefühl: Du bist einem Menschen gegenüber. Die Worte sind wohlwollend, die Mimik ist entspannt, die Körperhaltung offen. Dein Verstand sagt: „JA!" Dein Bauchgefühl sagt: „NEIN!"

Dann hast du InnSaei gefühlt.

InnSaei bedeutet auf isländisch: das innere Meer, nach innen blicken oder von innen nach aussen blicken. Unser inneres Meer ist endlos. Es ist die große Bibliothek des tiefen Wissens. Ein unermesslicher Schatz, den jeder in sich trägt. Intuition ist das größte Geschenk, das wir besitzen.

Ich sah vor kurzer Zeit einen wunderbaren Film: InnSaei - die Kraft der Intuition. Ein Film einer jungen Frau, die viele Fragen stellt und sie von den unterschiedlichsten Menschen beantworten lässt. Menschen wie Universitätsprofessoren, Autoren, Philosophen, Wissenschaftlern, Therapeuten und Kindern.

„Warum fühlen wir uns von UNS und den Menschen in unserer Umgebung so getrennt, obwohl wir scheinbar in einer vernetzten Welt leben? Leben wir mehr in unserem Verstand als in unserer Emotion und wird dieser inneren Emotion überhaupt noch Raum gegeben? Wenn der Verstand alles für uns regeln kann, warum wiederholen sich unsere Probleme in der Welt und wenn die Welt der

Zahlen, Daten und Fakten, die Sichtweise ist, wieso überlassen wir dann das Denken nicht überhaupt nur mehr den Computern?

Ist die Kreativität, die Vielfalt an inneren Emotionen aus dem Berufs-, Schul- und Privatleben verbannt und verhindern wir nicht genau deshalb, uns eines Wissens zu bedienen, das tief, weise und wahr ist. Die eindimensionale Sichtweise des Verstands verstellt uns die Sicht auf das, was uns zu dem macht, was wir sind.

MENSCHEN!

Wir sind nun mal komplexe Lebewesen. Wir bestehen aus Körper, Verstand und Seele. Es ist an uns, die Welt im Aussen und im Innen in unterschiedlichen Sichtweisen zu betrachten. Verstand & Intuition ermöglichen uns doch einen wesentlich größeren Blickwinkel und ermöglichen uns vorallem unterschiedliche Themen miteinander zu verbinden. Nun, die Intuition wird als ein herziges Bauchgefühl dargestellt. Als ein: Gilt nicht gegen Daten, Zahlen und Fakten, doch möchte ich erinnern, dass die Intuition die höchsten Entscheidungen für uns trifft, dann wenn der Verstand nämlich unter Druck gerät und versagt.

Intuition ist das Bewusstsein für das Ätherische, das ganz Feine, das, was zwischen all dem Offensichtlichen liegt. Es liegt nicht in unserer Aufmerksamkeit - es ist in all dem enthalten, was wir unbewusst wahrnehmen. Jene Signale, die uns als so klein und unwichtig erscheinen und deshalb ignoriert werden.

Wir bleiben im Verstand und versäumen so den Klang der Innenwelt. Diese Verbindung nach innen ist blockiert durch Lärm, Ablenkung oder wie wir sie gerne nennen „Unterhaltung". Unsere Intuition zahlt den Preis dafür und ein Großteil unseres alten Wissens wird ausgeblendet. Bloss. Nur ein winziger Teil der geistigen Prozesse findet wirklich bewusst statt - der große Rest ist unbewusst.

Albert Einstein meinte einst:

"Der intuitive Geist ist ein göttliches Geschenk,
und der rationale Verstand ein treuer Diener.
Wir haben eine Gesellschaft erschaffen,
die den Diener ehrt und
das Geschenk vergessen hat."

Intuition muss fließen. Wir können sie nicht in eine Schublade packen und herausholen. Sie ist unser inneres Meer, unser inneres Ohr, unsere innere Stimme und sie flüstert jeden Tag. Sie basiert auf unsere Lebenserfahrung, auf tiefe Weisheit, überlieferte Traditionen - sie ist ein unermesslicher Schatz.

Die Welt besteht aus dem ewigen Pendeln, dem ewigen Rhythmus: Ein- und ausatmen, der eine spürt, der andere rechnet nach, der eine denkt, der andere agiert. Wir blicken von innen nach aussen. Die Intuition antwortet auf das, was wir sehen, auf das, was wir hören, auf das, was wir riechen, auf das, was wir schmecken und auf das, was wir fühlen. Sie ist der Kompass, dem wir vertrauen dürfen. Wissen ist Macht. Inneres Wissen ist Macht über uns. Beginnen wir von aussen nach innen zu blicken. Das Bindeglied wieder herzustellen und Vertrauen in uns zu haben.

Die Intuition ist die, die uns beschützt, warnt und heilt. Wenn wir uns diese Momente der Abkehr von der lärmenden Welt mit all ihren austauschbaren Wahrheiten erlauben und das Flüstern in unserem inneren Ohr wahrnehmen, dann erkennen wir die eigene Bestimmung und die äussere Welt der unzähligen Oberflächlichkeiten löst sich auf.

So zitiere ich einen wunderbaren Satz, der all dies auf einen Punkt bringt:

"Wir müssen beginnen uns,
mit unseren Wurzeln zu beschäftigen,
die tief ins Unbekannte reichen,
in die Mutter ERDE und in unsere SEELEN
- so können wir Ökosysteme
ebenso wie Menschen
wieder zum Erblühen bringen."

48. WEISE

Wer ist für dich weise? Diese Frage entbrannte gestern. Ich behauptete frech zuvor: „Weise Menschen sollen entscheiden!" Doch die Frage war, was macht einen Menschen zu einem Weisen.

Ich begann mit: „Was ein weiser Mensch so NICHT tut": Er spaltet nicht, hetzt nicht, erhebt keine Vorwürfe und Beschuldigungen. Er ist weder laut, noch lügt er! Er sucht nicht den Fehler bei anderen, ebenso sucht er dort NICHT die Lösung. Dies sehe ich eher als den finsteren Aspekt von unreifen und eben nicht weisen Menschen. Doch vielmehr interessierte mich, was weise zu sein in einer Welt der Dämmerung bedeutet. So begann ich:

Der Weise lässt sich nicht in seiner Entscheidung von seinem eigenen Wohl leiten, sondern trifft diese für das Gemeinwohl. Er liebt und schätzt das Leben ALLER in gleichem Maß. Er sieht sich Aspekte eines Themas von unterschiedlichen Positionen an und reflektiert, bevor er redet. Der Weise verfügt über Erfahrung und Wissen und erweitert dieses. Er lernt ständig dazu. Er hört zu. Er wiederholt keine Handlungen, die in der Vergangenheit nicht funktioniert haben, sondern wagt neue Wege. Er hat Visionen. Er macht auch Fehler und erkennt diese als solche, steht zu diesen, spricht darüber und ist mutig, diese zu korrigieren. Ja, Mut ist ein wesentlicher Aspekt der Weisheit, jedoch kein Übermut- sprich wohldosiert! Er verbindet Emotion mit Intelligenz gleichermaßen. Er kann Standpunkte annehmbar und verständlich erklären. Die Sprache ist ein besonderes Merkmal „meines" weisen Menschen. Kein Fingerzeig!

Er distanziert sich von allen extremen Erscheinungen in unserer Welt und ist unabhängig von Gefälligkeiten. Er missbraucht und versteckt sein Wissen nicht, sondern teilt es. TEILEN! Er spricht nicht von Dingen, von denen er keine Ahnung hat und wenn er keine Ahnung hat, dann sagt er: „Ich habe keine Ahnung!" Und ist auch mal still. Auch das ist ein Aspekt der Größe eines Weisen.

SCHWEIGEN.

Er ist nicht korrupt und egoistisch. Er manipuliert keine Mengen und bleibt neutral in seinem Verhalten. Über all seinen Entscheidungen steht das Wohlwollen für ALLE Aspekte des Lebens. Er sieht nicht nur seinen Schwerpunkt, sondern ist offen und tolerant in einer Welt, deren Vielfalt unermesslich ist. Er holt sich Rat, wenn er an seine

Grenzen stoßt, prüft diesen und integriert ihn in sein Wissen. Er informiert sich vielseitig und schließt niemanden aus!

Der Weise reagiert nicht, sondern AGIERT.

Er erkennt den Plan des Lebens und der Natur und harmonisiert. Der Weise sagt nicht, was ALLE hören wollen und er wiederholt nicht, was ALLE sagen. Er hat eine EIGENE Meinung. Er riskiert ALLEIN zu sein. Er erkennt, dass Weisheit ein Teil vom großen Ganzen ist und in alle Teilaspekte des Lebens einfließt, wie ein Gefäß, das überläuft und in das gesamte Menschsein strömt. Er fühlt LIEBE. Er ist ein friedlicher Mensch, kann beides sein: Mann oder Frau UND wir brauchen mehr als nur EINEN.

„Wo versteckt ihr Weisen euch bloss?", frage ich mich gerade.

49. IDEE

Seit langer Zeit besuchte ich wieder eine Ausstellung. Vielleicht war es bloß diese seltsame Zeit, in der mein Denken sich losgelöst hatte von meinem Denken der Vergangenheit. Es gelingt mir kaum noch, Dinge anzusehen ohne zu überlegen, wie und woraus sie entstanden sind. So genoss ich die Wirkung einer wunderbaren Idee.

Der Maler war ein in sich gekehrter Mensch, voller Liebe und Gedanken, die in seine Zeit so gar nicht passten. Er war auch ein Mensch, der nur über seine Bilder Kontakt zu anderen Menschen herstellen konnte. Anders gelang es ihm einfach nicht. Er malte die

Natur, wie er sie sah. Er malte sein Gefühlsleben, wie er es empfand. Er wollte seine Gefühle, seinen Blick für die Natur sichtbar machen für andere. Er formte Bilder. Es war sein Bedürfnis und sein Talent, all das mit ein paar Pinselstrichen für andere erlebbar zu machen. Gleich einem Bildhauer seine Statuen, einem Architekten sein Haus, einem Autor sein Buch, einem Steve Jobs tausende Lieder in der Hosentasche. Jeder formte seine Idee sichtbar und begreifbar.

„Ideen schaffen Formen und Formen geben Ideen wider."

All diese Bilder, die ich sehen durfte, entstanden aus einer Idee heraus. Ein Gedanke, der ob als Bild, als Buch oder Gegenstand vor mir ist, war einst ein stiller Gedanke.

Wenn ich allerdings darüber nachdenke, welche Gedanken meinen Kopf schon durchströmten, bin ich heilfroh, dass nicht alles sichtbar und zu Form geworden ist. Obgleich, ich gerade überlege, ob sie es nicht doch taten. Irgendwo müssen sie ja hingekommen sein. Unter uns: das ist manchmal gar nicht so verkehrt, dass ich sie nicht zu Papier bringe. Ich denke wohl besser an die Sonne und nicht mehr an diese dunklen Wolken. Das Wetter ist ohnedies schon schlecht genug.

Meine Gedanken handeln eben nicht bloß von gelben Sonnenblumenfeldern und stillen Räumen, sondern sind oft mehr als laut, chaotisch, aggressiv und weit entfernt von Idylle. Immer und immer wieder durchziehen Neid, Gier und Egoismus meinen Kopf. Und nicht nur meinen!

Ich schreibe diese Zeilen, ich forme meine Gedanken. Ich mache sie fest, um gelesen zu werden. Ja, mag sein, dass nicht jede Idee Wirklichkeit werden muss, mag sein, dass nicht jeder Gedanke gelesen werden muss. Doch je öfter ich Gedanken und Ideen teile, die mich mit anderen Menschen verbinden statt zu trennen, erfüllt es mich mit Freude. Gedanken werfen Fragen auf, Gedanken sind wie eine ewige Bewegung. Gedanken machen uns zu dem was wir letztendlich sind. Und das schöne daran: Gedanken sind dazu da, frei gedacht zu werden. Was auch immer.

Ich frage mich gerade, wer ist auf die Idee gekommen, Menschen zu formen. So wie sie sind: schwach, stark, groß, klein und was wir nicht alles sind. Ich gehe davon aus, dass er sich dabei etwas gedacht hat und bestimmt war es ein schöner Gedanke. Sonst wäre die ganze Arbeit und die Idee wirklich umsonst gewesen und DAS glaube ich definitiv nicht.

Allerdings auf die Idee einen Menschen zu erschaffen, muss man ja erst einmal kommen. Wäre mir persönlich nie eingefallen, wie so vieles nicht.

Ich denke jetzt an etwas Gutes und schau' was daraus wird.

50. ANGST

Hippopotomonstrosesquippedaliophobie! Das ist die Angst vor langen Worten. Erzählte mir mein Sohn nebenbei. An dieser leide ich nicht. Ich mag bloß keine langen Worte, Sätze und Reden. Doch Angst kenne ich.

Wenn ich Angst habe, spüre ich mal ganz tief in mich rein und frage mich, ob es die „Säbelzahntigerangst" ist. Stelle meist fest: Nein, doch nicht so dramatisch!

Man liest ja: Angst sei ein schlechter Berater und vieles Angstmachende über sie. Ich finde Angst hilfreich und erweiternd. Für mich gibt es 2 Wege. Sich ihr stellen und in ihre Fratze blicken oder vollkommen aus dem Weg gehen. In beiden Fällen erweitert sie meinen Horizont. Der große Umweg zeigt mir neue Seiten. Die Angst zu überwinden, lässt mich wachsen.

Meinen Hund ließ ich wegen seiner Ängste behandeln. Er hatte Angst vor Menschen, die stehenblieben oder vor Gegenständen, die in der Landschaft standen. Man könnte ja meinen, dass es sich legen würde, aber nein. ER legte sich hin und ich konnte ihn wie ein Paket hinter mir herziehen. Sowas von seltsam. Keinen Schritt machte er mehr. Und mich? SEINE Angst lähmte auch MICH. Ich war das andere Ende der Leine.

Ich hatte 2 Möglichkeiten: Er bewegte sich selber oder ich ließ die Leine los. In beiden Fällen kam Bewegung rein. Bloß in unterschiedliche Richtungen. Wir trainierten hart. Es half. Wir konnten die „Stehenden" umgehen oder direkt darauf zu.

Immer wieder. Bis heute. An der Leine war seine Angst meine und umgekehrt. Ohne tragen wir bloß unsere.

Meine Freundin antwortet auf meine Frage - der Hund hat Angst vor so seltsamen Dingen - „WIR JA AUCH!"

Wie wahr!

Sind unsere Ängste nicht irgendwie lächerlich, wie auch die meines Hundes? Wir gehen mit unseren Ängsten spazieren. Seltsame irreale Ängste und es werden immer mehr. Mir kommt vor, wir machen sie uns richtig schön selber und lähmen unsere Nächsten gleich mit.

Angstfrei als Alptraum. Angst als Werkzeug.

Fast schade, dass ich natürlich erwähnen muss, dass uns eigentlich fast nur mehr andere Menschen Angst machen können. Die Wahrscheinlichkeit von einem Tiger attackiert zu werden, ist eher gering bzw. vermeidbar. Wir haben also Angst vor uns selber. Angst bringt uns vermutlich auch ein wenig weiter, sonst wären wir alle nur Futter gewesen. Ich bin aber nicht ganz überzeugt, ob die Richtung in jedem Fall stimmt.

Ich habe eine Liste geschrieben mit meinen Ängsten und danach habe ich mir überlegt, wie ich sie beseitigen kann - nicht die Liste - die Ängste. Je länger ich diese Liste bearbeitet habe und umgeschrieben, Zeilen gestrichen und wieder neu notiert hatte, umso lächerlicher kam mir alles vor.

Bei mir stehen jetzt 2 Ängste. Vielleicht kommen ja neue dazu. Angstfrei durch das Leben zu gehen? Ich weiß nicht. Ein paar Ängste braucht doch jeder. Wie kann man sich sonst selbst besiegen, wachsen oder eben auch gepflegt lähmen?

Angst birgt große Macht, wie auch immer man sie benutzt. Starre oder Bewegung. Dunkelheit oder Licht. Ich möchte bloß eines: über meine Ängste selber zu entscheiden.

51. LIEBE?

Wie die Liebe lange hält?" wurde ich gefragt. Ausgerechnet mich, die sich gelegentlich wie ein Analphabet im Buchladen vorkommt. Ich, die es offenbar nicht mal geschafft hat, eine Ehe im Lot zu halten, wo man sich doch die EWIGE Liebe versprach.

Stermann sagte einmal in einem Sketch: „Ich war 23 mal verheiratet. Es war immer die große Liebe. Es war bloß nicht die richtige!"
Die Liebe ist das größte Gefühl, dass wir kennen. Groß ist relativ. Groß im Vergleich zu? Ich versuche es anders. Liebe ist die Summe aller Gefühle. Vielleicht trifft dies für mich am ehesten zu. All die anderen Gefühle sind die Kinder der Liebe. Liebe enthält all das. Die ganze Farbpalette der Gefühle und ergibt die Reinheit. Sie wächst mit all diesen Gefühlen zu DEM Gefühl. Für mich eine mögliche Erklärung für sie.

Tja und wie war das nochmal mit der Frage? Wie sie lange hält?

In erster Linie, dass es beide erkennen und wahrnehmen diesen Schatz. Ich habe ja dieses Bild von einem Konfettiregen über uns allen, bei welchem Liebe verteilt wird. Über uns gestreut und wenn du achtsam bist, nimmst du sie wahr und auf. Eine gemeinsame Reise beginnt. Das Ziel? Es braucht kein Ziel, bloß die gleiche Richtung. Die Entscheidung FÜR die Liebe. Mit Achtsamkeit, Ehrlichkeit, Dankbarkeit und Spaß. Liebe tut weh und macht Freude. Alles ist in ihr.

Doch der Konfettiregen streut auch Verantwortung, Glaubenssätze, Konjunktive, Hintergedanken, Lügen, Ausreden, Bedingungen, unendliche Versuchungen und Täuschungen. Die haften stärker, vorallem an den unausgereiften Menschen.

Ich bin ein Gasthaus. Meine Gefühle, alle Gefühle sind meine Gäste. Da sitzt die Wut oder das Glück, die Trauer und die Freude. Manchmal sitzt da auch die Liebe. Sie muss den schönsten Platz bekommen. Nicht in der Nähe vom WC (da setze ich die Wut hin), sondern sie bekommt jenen Platz, an dem sie alles sehen kann. Den Überblick über alles. Ich stelle mir vor, wie sie dort sitzt und beobachtet. Sie fragt sich: „Werde ich beachtet, wahrgenommen? Will man mich? Schätzt man mich? Weiß man, wer ich bin?" Sie fragt ständig und möchte gefragt werden. Sie ist die Königin der Gefühle. Sie sitzt in der Nähe der Hintertür und durch diese schleicht sie sich hinaus. Oft unbemerkt und leise oder laut und mit Türeschlagen, wenn die Lüge eingetreten ist.

Doch die Liebe ist auch eine Kunst und wir sind die Künstler. In dieser Welt kaum von Wert.

Erich Fromm sagte:

„Trotz unserer tiefen Sehnsucht nach Liebe, halten wir fast alles für wichtiger als diese. Macht, Prestige, Erfolg und Geld. Unsere gesamte Energie verwenden wir dazu, zu lernen, diese Ziele zu erreichen und bemühen uns kaum, die Kunst des Liebens zu erlernen."

Wirklich Lieben zu können, setzt eine gesamte Persönlichkeit voraus voller Mut, Disziplin, Urvertrauen und den Glauben daran. Wer sich nicht formt, bleibt ewig im Schatten und wird nie erfahren, wie Liebe geht. Die Bedingungslose, die Wahre, die Königin der Gefühle.

Ich liebe.

52. REIFE

Ich durfte erleben, ein Kind in mir wachsen zu lassen. Zweimal sogar. Eigentlich dreimal. Ich habe einige Zeit gebraucht, die Verbindung zu spüren und dann mit dem ersten Blick auf ein Bild, mit dem ersten Tritt in meinen Bauch. Dann war sie da. Jene Verbindung. Jene Liebe zu diesem Kind. ES ist ein Teil von mir. ES kann nur leben, weil ich lebe. ES braucht mich.

ES ist unreif.

Die Geburt. Der Moment des Abnabelns. Wir wurden geteilt und so seltsam es klingen mag, ich war nicht mehr notwendig, theoretisch hätte man mich ersetzen können, solange es ein Mensch war, der dieses unreife Wesen begleitet.

Ich liebte, einfach so.

Ich liebte einen kleinen Menschen, der mich brauchte, weil ihm die Reife fehlte, alleine zu überleben. Ich liebte dieses Kind, denn es war ein Teil von mir und in ihm lebt ein Teil von mir. Meine Liebe zeigte ich durch Geben, durch gebraucht werden. Ich war Sicherheit. Ich war Wärme und ich war Nahrung. Dieses kleine Wesen kannte sonst nichts. Es war voll und ganz abhängig von mir. ES musste nichts tun für die Liebe. Sie hatte bloß eine Bedingung.

Nämlich dieses Kind zu SEIN.

Diese Liebe entwickelte sich weiter. Mit dem Älterwerden und der Erfahrung, machte ES die Erkenntnis: Ich werde geliebt. Ich werde geliebt, weil ich da bin. Mein Kind brauchte nichts dafür zu tun. Vollkommen passiv, Liebe zu erleben. Mein Kind entdeckte die Liebe. Aus Geliebtwerden wurde Lieben. Diese zuvor unreife Liebe eines Kindes verwandelte sich langsam in reife Liebe:

aus:
„Ich liebe dich, weil ich dich brauche."
wurde
„Ich brauche dich, weil ich dich liebe."

Die Liebe blieb. Anders als früher. Bedingungslos und dennoch reif! Es entdeckte, mir seine Liebe zeigen zu wollen. Mit Kleinigkeiten. Alles, was es tat, tat es, um mir zu „gefallen". Es war ein Geben und ein Nehmen. Mit den Jahren dann ein Loslösen auf beiden Seiten. Ein: „Ich liebe dich, aber ich will dich nicht mehr brauchen" und bei mir ein: „Ich liebe dich, aber ich will nicht mehr gebraucht werden."

Ambivalent und doch klar. Auf beiden Seiten. Wie weit kann ich loslassen, ohne die Verbindung zu verlieren und die Erkenntnis, es ganz zu tun und dennoch in Liebe verbunden zu sein.

Vermutlich ist es die Urform der Liebe, die zwischen Mutter und Kind, Kind und Mutter wirkt. Diese Sehnsucht nach diesem „Ich gehöre zu jemanden", die uns so treibt. Sie ist mit unserer Geburt entstanden, ungewollt und nicht erzwungen. Sie ist perfekt, rein und klar. Am Ende, wenn ich von dieser Welt gehe, bleibt genau diese Erinnerung an mich. Sie war Wärme, sie war Nahrung, sie war Sicherheit. Die Bausteine zum Überleben. Das war meine Aufgabe für die beiden ab der ersten Minute bis zu meiner letzten. Meine Kinder?

Sie haben keine Aufgaben bei mir bis auf EINE: zu SEIN.

53. ESSENZ

Wir sind zur Freiheit verurteilt. Mit der Geburt werden wir ins Leben geworfen – ohne, dass jemals jemand nach unserem Einverständnis gefragt hätte. Und es liegt allein an uns, unserem Leben einen Entwurf, einen Sinn zu geben – als Autor und Protagonist unserer eigenen Lebensgeschichte." - Sartre

Ich bin verwundert. Ein Wunder, wie wenig wir aus dieser Freiheit, unseren Möglichkeiten und aus unserem Leben machen! Ich wundere mich auch über mich!

Klar, ich kann auch tun, was man mir sagt, für mich plant. Wer auch immer das tut. Dann ist das auch eine Entscheidung gegen die Freiheit eben. Entschuldigt aber dennoch nicht mein Versagen oder „blöd gelaufen oder f**k ist mein Leben langweilig". Gut, langsam habe ich ja ohnedies das Gefühl, langweilig und fremdgesteuert ist das neue Normal!

Ich kam in meinem Leben öfter in die Situation, zu entscheiden. Gehe ich links, gehe ich rechts. Es war zu fast jedem Augenblick eine bewusste Entscheidung, auch voller Fehler und Fehlentscheidungen. Es war aber in jedem Fall EINE Entscheidung - MEINE! Freiheit kann schmerzvoll sein, weil mir niemand sagt, wie es richtig ist. Mir klingen die Worte in meinem Kopf nach, als man mir sagte: „Du bist frei, in jedem Moment aufzustehen und zu gehen, außer du sitzt im Gefängnis!"

So bin ich aufgestanden, denn Mauern gab es nur in meinem Kopf, aber nicht real. Ich übernahm seit langer Zeit echte Verantwortung für mich. Die einzige, die ich tragen muss neben der für meine Kinder. Sie sind jene über deren Leben ICH entschieden habe. Mit ihrer Geburt habe ich ihre Existenz begründet ohne sie zu fragen. So sehe ich diese als meine EINZIGE Verantwortung!

Umgekehrt müssen sie NICHT!

Ich kann dies für Freunde, Verwandte und Partner tragen. Die Betonung liegt auf KANN nicht MUSS. Doch lebe ich leider in einer Welt voller fremder Glaubenssätzen.

Ich kam frei auf die Welt, ich bin mir bewusst zu existieren, ich musste die Essenz meines Lebens ab einem bestimmten Punkt selbst entwerfen. Das macht Angst, unsicher und hat einen hohen Preis! Jeder Mensch muss dies für sich tun. In seine Hände nehmen und tragen!

Das Leben, das ich führe, ist eines von vielen möglichen. Mein Leben kann morgen auch anders aussehen. Ich weiß es nicht. Ich weiß es nur, wenn ich es ausprobiere, riskiere und am Ende scheitere oder eben nicht. Ich mag mir nicht einreden oder einreden lassen, dass ich SO leben muss. Mit übergestülpter Moral, Wegweisern, jenem Beruf, in jener Stadt, mit jenen Menschen. So gebe ich meine Freiheit auf. Jene, mit der ich auf die Welt gekommen, nein geworfen wurde.

Wir haben doch alle eine Geschichte zu erzählen, eine Geschichte hinter uns, eine Geschichte vor uns. Das Leben ist doch ein wunderschönes Meisterwerk, das durch Erfahrungen miteinander verbunden ist. Das Leben ist vorallem manchmal so lächerlich und dennoch so großartig.

Ich bin kein Zufall. Ich bin wichtig. Zumindest für mich. In diesem Bewusstsein will ich leben.

Ich bin die Essenz meines eigenen LEBENS!

54. KÖRPERWELTEN

D er Mensch - ein Wunderwerk der Natur. So oft, so gern gesagt und gehört. Leichte Zweifel in schweren Zeiten? Doch der Blick in unser eigenes Inneres lässt erahnen, dass wir mit unserem eigenen Körper den größten Lehrmeister haben.

Im Großen wie im Kleinen.

Er ist der Spiegel unserer Welt UND ein Vorbild für unsere Welt, wenn er gesund ist. Alle Organe sind Konsumenten auf der einen und Produzenten auf der anderen Seite. Geben und Nehmen! Sie haben ihre Aufgabe - jeder für sich. Gesund nur dann, wenn jedes funktioniert und in VERBINDUNG mit den übrigen steht. Was nützt mir das größte Gehirn, wenn die Leber kaputt ist, das stärkste Herz, wenn die Nieren versagen? Unser Körper, wie auch wir, reagieren auf zu VIEL oder zu WENIG. ICH entscheide ganz alleine, wie ich meinen Körper behandle. Keiner zwingt mich ungesund zu essen, Alkohol zu trinken, zu rauchen, Tabletten zu nehmen. Ich kenne keinen gesunden Körper, der zwangsernährt wird. Keiner trägt Schuld an dem Versagen meines Körpers außer mir selber. Es ist doch ein leichtes zu behaupten:

„Ich tu' dies oder jenes, weil jemand mich dazu treibt." Ich entscheide, ob ich mitmache oder mich diesem entziehe. Verantwortung trage ich ausschließlich selber. Und bei Gott, ich bin kein Engel. Ich schade mir selber - jeden Tag, wohlgemerkt ICH mir selber. Aber zurück von MIR zum WIR:

Ein „Körper" ist nur gesund, wenn alles funktioniert. Auf der Suche nach einer Vision für morgen, reicht der Blick in uns selber. Versagt das Herz? Versagt die Lunge, versagt die Leber? Funktioniert das Gehirn? Pech gehabt, der Körper stirbt dennoch. Wollen wir einen Körper, der nur mehr aus Teilen besteht? Am Leben erhalten wird und jede Wunde mit Pflaster verklebt wird und vorübergehend hält?

Wir sind mit diesem Wunderwerk auf die Welt gekommen. Wir leben, weil all das verbunden ist. Der Körper UND auf diese Welt sind für uns alles und behandeln ihn dennoch schändlich als wir aufgehört haben, dankbar und achtsam zu sein.

Im Großen wie im Kleinen.

Vollkommen aus der Balance - jeder einzelne, alle zusammen! Schuld: immer die anderen. Oh nein! Selber schuld. Wundert es mich? Nein. Ich bin die Ursache. Jeden Tag, jede Minute.

UND

Ich bin Teil des großen Körpers. Ich bin bloss eine Zelle zwischen Organen, doch wenn ich die beiden nicht verbinde, sind sie ebenso wertlos wie ich alleine. Eine Zelle, die nur für sich wächst, gleicht einem Geschwür, das zerstört.

Sogesehen, wenn man mich fragt, wie eine neue Welt entstehen kann, dann antworte ich: „Wie ein gesunder Körper! Mit all den Unterschiedlichkeiten, die es braucht, um im Gesamten zu funktionieren. Balance von Geben und Nehmen. Keiner ist besser, keiner ist wichtiger. Jeder ist ein Teil von Allem und alles funktioniert ausschließlich über die VERBUNDENHEIT und Fürsorge für einander und nicht nur für sich!"

Was ICH dazu beitrage am großen Körper? Ein strenger Blick in den Spiegel reicht, um zu sehen, wo ich kläglich versage.

55. SICHTWEISEN

Wir starren!
Da saß er: der kleine Vogel auf meiner Terrasse und sammelte gemächlich Fellhaare meines Hundes. Der Schnabel war voll!

Aber von vorne: Ich habe einen Lieblingsplatz in meinem Zuhause. Hier steht ein einfacher Sessel vor der Tür zur Terrasse. Hier sitze ich jeden Morgen, trinke meinen Kaffee in der Früh, starre entgeistert hinaus und lasse den Tag beginnen. Ich denke an gestern, an JETZT, an morgen und manchmal an nichts.

Ich starrte also diesen Vogel an. Ich sah wie dieser Vogel, Fellhaare sammelte für sein Nest - Mantel brauchte er ja keinen. Dann fiel mein Blick vor mich: Da saß mein ewig grantiger Kater Hermes und starrte ebenso wie ich, aber ohne Kaffee. Ich hörte ihn geradezu denken: „Verdammt, wie komme ich an den Snack mit Flügel." Er sah nur den Vogel, nicht das Material zum Nestbau.

Nun erschien mein Hund, setzte sich daneben und starrte zittrig. Er dachte: „Was macht dieses Etwas, vor dem ich mich fürchte, in meinem Revier." Ein kurzer Blick zu mir zur Einschätzung der Gefahr und sein Zittern ging in Ruhe über.

Dann erschien der zweite Kater namens Zwetschge, stupste meinen Hund an der Nase und fragte sich allmorgendlich: „Was bin ich, wer sind die zwei neben mir, was zum Teufel starren die da an und wo ist mein Katzenklo?"

So saßen wir und schauten gebannt zu. Es war unbeschreiblich, wie wir alle diesen Vogel beobachten - ein kleiner Vogel. Wir sahen alle das Gleiche und ich wage zu behaupten, wir dachten vollkommen unterschiedlich. Nicht nur, weil wir nicht über den gleichen Genpool verfügen. Jeder beobachtet die Szene aus seinem Blickwinkel. In seiner Geschwindigkeit, mit seinen Gefühlen und mit seinen momentanen Möglichkeiten.

Wir sahen das, was wir sehen wollten, wir dachten an das, was wir in unserer ganz unterschiedlichen Momentaufnahmen gerade sehen wollten. Ob ich damit etwas sagen möchte? Nein, wäre gelogen, daher JA! Ich bin ein Kakadu. Das ist aber auch bloß ein Vogel.

Vorgestern Abend war der Himmel nach dem Gewitter in dem schönsten Rot und es hat mich berührt, schwermütig und glücklich gemacht. An anderen Tagen kann dieser Himmel bei mir nicht einmal ein kurzes Zucken auslösen. Es gibt Tage in rosarot und in grau und die Tage sind dennoch GLEICH. Es sind immer nur wir, die Dinge so wahrnehmen. Ich wünsche mir nicht jeden Tag diese Sonnenuntergänge. Ich wünsche sie mir gelegentlich intensiv und gemalt in allen Rottönen dieser Welt. Den Himmel wollte ich so verschenken mit meinem Gefühl dazu. Das ging nicht.

Und der Vogel? Der dachte nur an sein Nest. „Ich werde das wärmste und weichste Nest haben." Zu keinem Augenblick war ihm bewusst, dass ihn 8 Augen anstarrten und die 2 kleinsten die gefährlichsten waren.

Irgendwann flog er weg, schwer beladen. Wir saßen noch kurz da und dann löste sich die Gruppe auf und wieder jeder mit seinen eigenen unbekannten Gedanken. Wobei bei Zwetschge relativ wenig los war, dachte ich.

Und was auch immer wir dachten, es war richtig für uns - genau in diesem wunderbaren Augenblick!

56. MEIN GARTEN

Ein Gedankenspiel zum Krieg:
Ich habe einen wunderschönen Garten. Seit Ewigkeiten gehörte er meiner Familie. Wir bebauten und erhielten ihn, wie wir es überliefert bekamen. Er war groß, sehr groß. Für mich hatte er auch jene Bedeutung, dass ich keinen Garten wollte, der einem „feinen" Garten glich, sondern die Natur dort ihre Heimat fand in all ihrer Vielfalt.

Ich wollte keine lärmenden Nachbarn, Zuhörer meiner Gespräche und Menschen, die über meinen Zaun blickten. Die Auswahl der Pflanzen waren jene, die meiner Geschichte, meinem Stil, meinen Ahnen entsprechend ausgewählt wurden. So wollte ich es und nicht mit jenen Samen und Gewächsen, die man überall fand. Mein Garten sollte meine Welt bleiben. Eines Tages entschied ich, einen Teil davon zu verschenken mit der Auflage, dass meine Privatsphäre, meine Heimat, mein Zuhause, meine Art, wie dieser Garten im Sinne meiner Ahnen gepflegt wurde, zu erhalten ist. Man versprach es mir und

BRACH es.

Laute Nachbarn zogen ein. Sie respektierten nicht meine Bitte. Sie veränderten den Boden und die Pflanzen. Sie vermischten meine Erde mit verseuchter Erde. Sie säten Samen unaufhörlich. Man sagte mir: " Heute macht man das SO!" Mehrmals erinnerte ich sie an ihr Versprechen. Ich erinnerte daran, dass ich genau DAS nicht wollte. Doch wen interessierte es? Ich begann über den Zaun zurückzurufen, bat um Ruhe, bat darum, sich nicht in meine Art zu leben, einmischen solle. Immer und immer wieder. Doch das Gegenteil entstand. Es wurde immer lauter.

Das Dickicht immer dichter. Dornbüsche wurden gepflanzt. Auf meinem ehemaligen Boden. Wie sollte ich reagieren? Gar nicht und einfach geschehen lassen? Meinen Garten wieder zurückholen? Die Ursache für meinen Unmut lag ja nicht in mir, sondern in all diesen Samen dort.

Ich beschloss das Dickicht zu roden, die Dornbüsche zu entfernen. Dafür benutzte ich Säge und Axt. Meine übrigen Nachbarn waren entsetzt über diese Reaktion. Kein Wunder, sie sahen nur DAS. Sie nahmen die Ursache nicht wahr. Nicht nur das, sie erfragten sie auch zu keinem Augenblick. Meine Reaktion sehr wohl. Bloß: das war nur die Wirkung.

Nun. Mein Garten war Teil einer großen Gartenanlage. Jeder hatte dort seinen Teil. Jeder hütet sein Zuhause auf seine Art. Lauter unterschiedliche Gärten. Von bunt bis grün, von gepflegt bis wild. Ich respektierte alle, weil SIE es so wollten. Auch meiner sollte so bleiben, wie ich es für richtig hielt. Doch nicht nur das wurde nicht respektiert, sie alle ernteten auch die Früchte aus meinem Garten. An einem Abend bei einem Treffen aller Gartenbesitzer stand ich auf und sagte:

„Es mag sein, dass meine Reaktion hart erscheint. Mag sein, dass ihr sie nicht versteht. Doch es ist nur die Wirkung einer Ursache, die in meinen Garten gepflanzt wurde. Und ihr, die ihr nun steht und mich anklagt, frage euch:

"Würdet ihr euren Garten zerstören lassen, ohne zu reagieren? In meinem Garten buddelt ein Clown und er hat Helfer aus euren Gärten. Ich soll dabei zusehen? Die Ursache liegt nicht in meiner Reaktion - das ist die Wirkung von EUREM Tun - ja, von eurer Gier. Ihr habt die letzten Jahre dort Samen gesät, die nun wachsen und wuchern. Und gegen diese Auswüchse wehre ich mich. Ihr habt alle in meinem Garten gegraben und ihn zu EUREM gemacht. Der Clown hat es euch ermöglicht. Und jetzt bringt ihr Werkzeug, damit es weiter geschieht? Wer frei von Sünde ist, möge den ersten Stein werfen. Ursache hat Wirkung.“

Ich setzte mich. Keiner warf den ersten Stein.

57. BRAINF*CK

Die Wahnsinnigen machen ein schwarzes Loch und sie haben mich nicht gefragt, ob ich das will! Große Entrüstung bei meiner damaligen Kollegin als in CERN das schwarze Loch künstlich erzeugt wurde. Was ist, wenn es uns alle verschluckt?", fragte sie mich vorwurfsvoll aufgrund meiner Reaktionslosigkeit.

Sie tat ja gerade so, als ob es meine Idee gewesen wäre, schwarze Löcher zu erzeugen. Ich warf einen Blick zu meiner anderen Kollegin mit ähnlichem Gedankengang wie meinem: Also, ich hätte gerade nichts dagegen, wenn es sie verschluckt. Ich dachte es nur, aber sie konnte meine Gedanken lesen und verließ den Raum - durch die Tür und nicht durch das schwarze Loch, aber gut. Diese Kollegin trug auch öfter ein T-Shirt mit der Aufschrift: „Vegetarier sind keine Mörder" und hielt eine Wurstsemmel fest in der Hand. Ich ließ es unkommentiert, obwohl ich dazu neige, Zusammenhänge zu verstehen.

So erzählte ich es meinem Gegenüber.

Frage an mich: „Und? Bist du jetzt g'scheiter?"

Schande über mich! Ich habe keine Ahnung, woraus diese schwarzen Löcher und das Universum besteht, wo es anfängt, wo es endet und was ein schwarzes Loch überhaupt ist. Ich belächelte damals süffisant meine Kollegin und habe selber KEINE Ahnung. Da experimentieren irgendwelche Wissenschaftler mit Dingen und ich weiß nichts?

Ich antwortete: „Doch! Vegetarier sind keine Mörder und Wurstsemmelesser keine Vegetarier."

Und das war es dann auch schon wieder. Ich weiß wenig und solange mir keiner erklären kann, was das Universum ist und woraus es besteht, wie kann ich glauben, was ich hier unten erklärt bekomme und erlebe. Alles was ich kenne, hat eine Grenze. Der Tisch zum Boden, der Mensch zur Luft und wo ist die Grenze des Universums?

Frage: "Woran denkst du?"

Ich habe keine Ahnung. Die Frage macht mir Angst. Warum kann ich kein schwarzes Loch sehen, was ist am Ende des Universums? Woraus besteht das Universum? Ausserhalb ist nichts? Ausserhalb ist alles? Alles ist endlos? Endlos kennen wir Menschen aber nicht. Alles hat einen Anfang und ein Ende - verdammt nochmal.

Ich: „An NICHTS."

Aber ALLES macht mir Angst und NICHTS noch viel mehr. Wenn ich die Sterne sehe, Lichtpunkte, die Lichtjahre unterwegs waren und gar nicht mehr existieren, blicke ich dann quasi in die Vergangenheit? Viele Lichter treffen uns ja gar nicht. Wo gehen diese hin? Hören sie irgendwann auf, zu leuchten? Wieso sollten sie nicht für immer leuchten und wenn sie das tun, gibt es sie ja doch - die Unendlichkeit.

Frage: „Wo bist du bloss wieder mit deinen Gedanken?"

Das Universum wird immer größer, breitet sich aus. Alles hatte mit dem Urknall begonnen. Wer sagt mir, dass es nur einen gab und nicht mehrere. Wir nur in einem von vielen Universen leben. Es sozusagen Multiversen gibt? Und was war vor dem Urknall? Welche Farbe hat das NICHTS? Vielleicht ist es nur ein Dom, unter dem wir leben mit leuchtenden Punkten? Sind wir vielleicht nur Teil der Truman Show und öffnen wie Jim Carrey die Tür nach außen?

Ich: „Angekommen!"

58. WARUM?

Wissen andere Menschen, was richtig für mich ist? Der Drang andere zu überzeugen ist überwältigend. Es scheint geradezu heroisch zu wirken zu helfen und zu führen. Vorallem dieses ungefragt Meinung von sich zu geben und Rat anzubieten. „Mein Gott, was bin ich für ein guter Mensch edel, hilfsbereit und weise!" Menschen zu helfen, die den „falschen" Weg eingeschlagen haben. Menschen die „richtige" Richtung zu weisen.

In erster Linie füttern sie alle kräftig ihr Ego. Es ist das unausgesprochene „mein Leben ist richtig, deines falsch!" Als ob man sich selbst bestärkt, weniger den anderen. Alle diese Zwischenhändler mitten in einer Selbsthilfe-Epidemie. Lauter Experten, die sich für Ratschläge einsetzen:

Du sollst früh aufstehen.

Das sollst du nicht essen.

Du sollst dich verändern.

Du sollst die rechte vor der linken Socke anziehen und die Naht nach innen tragen.

Lauter f***g SOLLTE!

Ich liebe es meine Socken verkehrt anzuziehen, gelegentlich keine Lust auf Veränderung zu haben, ungesund zu essen und Dinge zu tun, die mir vielleicht nicht guttun. Ob ich es tun sollte? Ich habe keine Ahnung, doch bestimmt mehr als alle anderen. Denn es geht um MICH und um MEINEN Körper. Diese ganzen zerbröckelnden Sandburgen der "sollte" können mir gestohlen bleiben.
Ich bin ich und du bist du! Ich respektiere deine Wahrheit. Ich möchte sie nicht leben. Respektiere meine und verschone mich mit deinen ungefragten Ratschlägen. Keiner kann mir garantieren, es wären die allmächtigen in Stein gegossenen Wahrheiten. All diese: „Ich weiß, was gut für dich ist. Ich habe recht und du liegst falsch."

Es sind jene Menschen, die Vögel vom Himmel holen, damit sie nicht herunterfallen und den Wal an Land ziehen, damit er nicht ertrinkt. Die scheinbare Sicherheit und Allwissenheit. Der Wunsch zu helfen ist auch nicht gut oder schlecht. Er erscheint aus unzähligen Gründen, die vorallem zum Ego gehören - zur eigenen Wahrheit.

Du möchtest einen Rat?

Ich kann dir nur meine Wahrheit erzählen. Ich bin nicht neutral, egal ob es dir hilft oder nicht. Wenn es hilft, ist es in Ordnung. Wenn es dir nicht hilft, ist es das ebenso. Der Empfang liegt beim Empfänger.

Soviel sei gesagt, meine Wahrheit wird durch Beobachten und Erfahrung enthüllt. Durch Suchen und Bewusstsein und ein Versuch des tiefen Verständnisses dafür, wie Dinge sein können. Es ist und bleibt dennoch nur meine Wahrheit. Ob es deine ist, kann ich nicht beurteilen und will ich nicht mal.

Das alles ist keine Empfehlung. Ich denke auch nicht, dass du etwas tun solltest. Ich argumentiere nicht mal mit dem Fokus der Geschichte. Ich fordere dich auch nicht auf, meine Botschaft zu verstehen. Ich hoffe nicht mal, dich von irgendetwas zu überzeugen. In diesem Moment, in dem ich das versuche, habe ich schon verloren. Deine Wahrheit erfordert keine Überredung. Sie offenbart sich in dir selber, wenn du auf DICH hörst.

Der eigene Lebensplan ist geschrieben. Den Mut, ihn zu leben, ist die nackte Wahrheit. Alles andere ist Gift.

59. ENTFALTUNG

Da saß ich. Ein lauer Sommerabend. Ein kleines Restaurant. Menschen spazierten vorbei. Da erblickte ich es. Dieses winzige kleine Kind. Kein Jahr alt. Unsichere Schritte. Volle Konzentration. Ein paar Schritte zu schnell, dann wieder langsam. Unaufhörlich übte dieses kleine hinreißende Wesen, was es heisst, auf eigenen Beinen zu stehen. Der Blick auf seine kleinen Füße. Nichts und niemand konnte es von diesen Schritten ablenken. Es lernte gehen. Woher auch immer der Antrieb kam und wohin auch immer ihn seine Schritte führen werden. Entwicklung in der reinsten und natürlichsten Form. Kein Fallen wird ihn hindern, zu lernen.

Wir alle lernten einst gehen und noch vieles mehr. Woher dieser Antrieb kam? Das ist Teil unserer Evolution. Geboren werden - liegen - krabbeln - gehen oder auch erst eingerollt, um auszurollen.

Danach? Es ging immer weiter. Wir passten uns an, machten unzählige Erfahrungen und bewältigten, was auch immer auf uns zukam oder worauf wir uns zu bewegten. Ein laufender Prozess der Veränderung. Doch irgendwann kommt der Punkt, an dem Veränderung diesen fahlen Beigeschmack bekommt. Es schleicht sich diese Müdigkeit, das Alter, dieses Gefühl: "genug gelernt, getan, verändert" in unser Leben ein. Es ist der Punkt, wo "die Lust" an neuen Erfahrungen und Entwicklung stagniert. Ja, wo der Punkt erreicht ist, an dem wir uns regelrecht dagegen wehren.

Dieses:

„Veränderung ist etwas für Aussteiger oder die Anderen."

Nun ja. Das klingt auch einfach und bequem, doch das Thema ist: Evolution ist keine Frage des Wollens oder des Alters sondern ein MUSS. Jedes Wesen, jede Pflanze, selbst jeder Stein verformt sich im Laufe der Zeit. Aus starr wurde pflanzlich, aus pflanzlich wurde tierisch, aus tierisch wurde menschlich. Dies ist keine Frage, ob der Stein gerade dazu Lust hat oder die Ameise heute doch Antrieb hat, ihr Nest umzubauen. ES IST. Es passiert.

Unaufhörlich.

Vielleicht liegt es auch den Worten, die wir dafür verwenden. Sie machen uns das Thema nicht gerade schmackhaft. Evolution klingt nach: von der Amöbe zum Saurier. Entfaltung klingt nach: mystischer Abgehobenheit oder Schmetterling. Veränderung klingt nach: Aussteiger oder unzufriedenen Menschen. Anpassung klingt nach: Zwang. Am Ende jedoch stehen sie für ENTWICKLUNG. Sie haben alle nur diesen Inhalt.

Wir haben uns zu dem entwickelt, wer wir heute sind, sonst säßen wir noch in den Sümpfen fest. Ohne Sprache und kommunizierten maximal mit seltsamen Geräuschen, woher diese auch immer kamen. Wir können unsere Entwicklung nicht aufhalten. Was wir, Menschen allerdings doch können, ist die Art, WIE wir sie erleben:

Durchschmerzen oder aber uns bewusst dazu zu entscheiden.

Also einfach gesagt: wir springen ins kalte Wasser oder wir werden hinein gestossen. Die Natur zwingt uns in diesen ewigen Kreislauf des Kommens und des Gehens. Stehenbleiben können wir am Ende unserer Tage. Was auch immer danach passiert. Die Essenz ist, die Notwendigkeit der Veränderung zu erkennen, sie selbst zu gestalten anstelle sie schmerzvoll und gezwungen zu erleben. Unzufriedenheit mag ein Antrieb sein, ebenso wie einschneidende Erlebnisse - doch auch sie haben ihre Ursache bereits vor der Wirkung gesetzt UND wir haben die Zeichen der Zeit einfach ignoriert.

So agiert der Mensch.

Der Prozess geht dennoch unaufhaltsam weiter. Festhalten an vergangenen Tagen oder zu träumen von: „Alles wird und soll so bleiben" gibt es nicht. Die Illusion unverändert zu bleiben und vorallem bleiben zu können, wird sich in Luft auflösen. Diese Luft wird zu Äther. Äther ist Geist. Die Auflösung in den puren Geist vollzieht sich ohnedies - allerdings am Ende.

Evolution ist in jedem Blatt der Pflanze, in jeder Wolke, die am Himmel zieht und in jedem Stein dieser Welt.

Erich Fried sagte einst:
„Wer will, dass die Welt so bleibt, wie sie ist, der will nicht, dass sie bleibt."

JEDOCH:

Es gibt eine einzige Kraft, die alles geschaffen hat, die keine Evolution vor, noch hinter sich hat. Namenlos, körperlos, in der höchsten Energie. Aus ihr entspringt jede Ursache, jede Entwicklung. Wer sich also nicht weiterentwickelt, verändert, evolviert, anpasst oder entfaltet, hält sich demnach für

GÖTTLICH.

Schwierig, wenn man nicht der Ursprung allen Seins sein will oder noch präziser, für alles Leben verantwortlich sein möchte. Diese Aufgabe scheint wohl übermächtig. Verändern wir uns lieber bewusst und mutig. Lernen wir gehen, wie dieses kleine Wesen und fühlen wir jeden Schritt voller Zufriedenheit und Stolz. Schritt für Schritt. Hinfallen, aufstehen, erkennen und leben. Gemeinsam ist Evolution übrigens viel einfacher als alleine und ehrlichgesagt notwendig, wenn wir Menschen uns als Menschen erleben wollen. Aus Stein wurde Pflanze, aus Pflanze wurde Tier, aus Tier wurde Mensch, aus Mensch wird …

So entfalte ich am Ende ein Zitat von Laotse:

VON:

„Was für die Raupe das Ende der Welt, ist für den Rest der Welt ein
Schmetterling."

ZU:

„Was für die Raupe das Ende der Welt ist, ist für den Schmetterling
die Geburt seiner Welt."

60. ALLES IST EINS

Ein Scherbenhaufen liegt vor mir. Meine schönste Schale ist
zerbrochen. Lauter kleine Stücke, gleich einem Puzzle. Diese Schale
bedeutet mir sehr viel. Nein, mehr als das: Ich liebe sie, denn sie
begleitet mich schon mein ganzes Leben. Wegwerfen kommt nicht in
Frage. Ich werde sie wieder zu einem Ganzen zusammensetzen.

Zuerst suche ich jene Scherben, die zusammenpassen. Und einen
Klebstoff, der die Teile verbindet. Würde ich versuchen unpassende
Scherben zusammenzusetzen, wird mein Klebstoff nicht ausreichen,
weitere Kanten werden abbrechen, um diese in Form zu bringen und
am Ende wäre meine Schale löchrig und porös. Daher lasse ich es.
Ich nehme 2 Scherben, die einst ein Teil waren und verbinde sie. Die
unregelmäßigen Kanten fügen sich zusammen und der Klebstoff
verbindet das, was einst EINS war.

"Was ist Liebe und wieso verbindet diese ausgerechnet zwei
Menschen?" wurde ich gefragt.

Während ich die Schale wieder zusammenfüge, begebe ich mich auf die Entdeckungsreise.

Liebe ist in jedem Fall die Verbindung zu einem anderen Menschen. Um zu verstehen, woher sie kommt, muss ich wohl zur ursprünglichsten aller Verbindungen zwischen zwei Menschen zurückgehen. Nur so kann ich erkennen, welche Formen der Liebe es gibt und worin die Ursache liegt für eine wenn nicht überhaupt DIE schönste Wirkung der Welt.

Die erste Verbindung - sichtbar und lebensnotwendig - ist das Kind an der Nabelschnur im Bauch der Mutter. Sie ist der Ursprung der Verbindung zwischen zwei Menschen. Ein Mensch ist Teil eines anderen Menschen. Zusammen bilden sie eine Einheit. Jedoch: Dies ist eine Liebe, die erst wächst - im Inneren. Einseitig wächst vorerst. Beide fühlen das Leben in sich, um sich und das Leben des anderen. Einer liebt, der andere ist unreif und wird geliebt. Dieses geliebte Wesen gleicht einem leeren Gefäß in der Dunkelheit.

Der Moment des Abnabelns - die Geburt und der Eintritt der Seele: Jene Seele hat sich genau diesen Menschen ausgesucht, um Erfahrungen zu machen, die es zur Entwicklung braucht. Schicksal? Ja! Was auch immer jeder einzelne darunter versteht. Ich sehe es als:

Das Leben wird gelenkt. Die Seele begibt sich auf den Weg.

Die zwei Menschen wurden getrennt. Dieses Gefühl des Getrenntseins begleitet den Menschen nun sein ganzes Leben. Die Liebe ist das einzig Verbindende in diesem Augenblick und die erste

Erfahrung im Zusammenwirken mit diesem Gefühl. Ein Mensch liebt, der andere wird geliebt. Dieses leere Gefäß wird mit Liebe gefüllt. Wo zuvor noch Dunkelheit war, wird nun Licht. Es braucht die Liebe, weil ihm die Reife fehlt, um zu überleben. Einer gibt sie, der andere nimmt sie. Der Liebende gibt ohne zu erwarten. Was sollte er auch erwarten? Die Unreife bedingt diese Liebe. Die Verbindung basiert auf reine Abhängigkeit des einen und Hingabe des anderen.

Der Liebende gibt und lehrt Liebe.

Einer tut nichts für die Liebe - der andere alles. Doch allmählich entwickelte sich diese Liebe weiter. Reife entsteht. Das Gefäß ist mit Licht erfüllt und kann nun selber Licht verbreiten oder auch der geliebte Mensch erfährt und erkennt Liebe: „Ich werde geliebt." Aus reinem Geliebtwerden wird Lieben. Diese zuvor unreife Liebe verwandelt sich nun in reife Liebe. Die Erfahrung der Liebe lehrt selbst zu lieben.

Aus „Ich werde geliebt!" wird „Ich werde geliebt und ich liebe."

Das erste Geben und Nehmen im Ausgleich. Bedingungslos. Der Liebende wird auch geliebt. Er wird geliebt, da er Liebe schenkte. Er lehrte Liebe. Bedingungslos und reif! Diese Liebe ist perfekt, rein und klar. Sie übersteht jede Anforderung des Lebens, ermöglichte Leben und sie hatte ihren Ursprung in einer Verbindung. Sie entstand durch sich als Ganzes, als Einheit zu fühlen. Sie entstand aus: „Du bist ein Teil von mir." Diese zwei Seelen brauchen einander.

So entdecke ich auf meiner Reise, dass reife Liebe zwischen zwei Menschen ihren Ursprung in der Verbindung hat. Dass das Gefühl des Getrennt- und des „Zerbrochenseins" nur durch Liebe geheilt werden kann. Dass zwei Seelen durch das Schicksal gelenkt werden, jene Erfahrungen zu machen, die sie zur Entfaltung brauchen. Sie suchen und finden einander. Dass reife Liebe nur durch Raum ohne Egoismus entstehen kann. Dass reife Liebe aus bewusstem Geben und Empfangen besteht. Dass Liebe aktives Tun bedeutet und nicht passives Erwarten. Dass Liebe heranwächst und auch wieder zerbrechen kann. Dass Liebe entsteht, wenn zwei Menschen sich als Eins fühlen und die Pfade der Seelen sich kreuzen. Ja, wenn das Schicksal an seinen dünnen Fäden zieht, damit sich diese Seelen entwickeln können.

Dass die Scherben der Gefäße wieder verbunden werden, um gefüllt zu werden mit jenem Licht, das der Sonne gleicht. Sie, die im Zenit über Trieb, Verstand, Emotion und dem Körper steht. Sie, die nicht geregelt oder reduziert wird, sondern sie, die gleich der Liebe ist und scheint! Jenes Licht, dass Leben entstehen und erblühen lässt.

Wirklich Lieben zu können, setzt sogesehen, eine gesamte reife Persönlichkeit voller Mut, Disziplin, Urvertrauen, Demut, den Wunsch und den Raum frei von Egoismus, voraus. Wollen ist zuwenig, Liebe zu benutzen ebenso. Liebe zu heucheln noch viel weniger. Um Liebe zu verstehen und zu fühlen, bedarf es REIFE!

Anderenfalls kann Liebe auch wieder zerbrechen, wenn die Seelen ihre gemeinsamen Erfahrungen gemacht haben oder wenn jene Liebe unreif war und nicht zur Reife gelangte. Denn wer nicht Raum dafür schafft, bleibt ewig im Schatten und wird nie erfahren, wie es sich anfühlt in der Sonne zu stehen.

Meine Schale habe ich in der Zwischenzeit wieder zusammengesetzt. Kein Teil blieb über. So stellte ich sie in die Sonne, füllte Wasser ein und bewunderte sie. Sie sah nun anders aus, denn all ihre Kanten umhüllte eine dünne, fast unsichtbare Schicht Klebstoff, den man nur sah, wenn die Sonne darauf schien und der aber auch in der Dunkelheit alles zusammenhielt.